LK. 144.

PROCÈS-VERBAL
DE
L'ASSEMBLÉE GÉNÉRALE
DES ÉTATS
DE
LA PRINCIPAUTÉ D'ORANGE,

Tenue le 16 Février 1789.

A ORANGE,

De l'Imprimerie d'Esprit Nicolau, Imprimeur du Roi,
& de Nosseigneurs des États de la Principauté.

M. DCC. LXXXIX.

PROCÈS-VERBAL
DE
L'ASSEMBLÉE GÉNÉRALE
DES ÉTATS
DE
LA PRINCIPAUTÉ D'ORANGE.

L'AN mil sept cent quatre-vingt-neuf, & le seize du mois de Février à neuf heures du matin, MM. les Députés du Chapitre de l'Eglise Cathédrale de cette Ville d'Orange, des Seigneurs Vassaux de la Principauté, & des Villes, Communautés de ladite Principauté ; se sont assemblés dans la Salle basse de l'Hôtel de M. le Marquis de Causans, Président des Etats, & de là M. le Marquis de Causans & lesdits Députés se sont rendus dans la Salle des États dans l'ordre suivant : M. le Marquis de Caufans ayant à fa droite M. de Poulle, Prévôt de l'Églife Cathédrale d'Orange, Député du Chapitre, & à fa gauche M. le Marquis de Blocard, Député des Seigneurs Vaffaux ; les Députés des Communautés fuivant dans l'ordre de leur féance, précédés d'un détachement de la Milice Bourgeoife & de la Mufique de la Ville.

L'Affemblée étant arrivée dans la Salle des États, M. le Marquis de Caufans s'eft placé dans un fauteuil au fond de la Salle ; MM. les Députés ont pris leur place fur des chaifes, le Député du Chapitre à fa droite, le Député des Seigneurs Vaffaux à fa gauche, & ceux des Villes & Communautés, des deux côtés & en face, joignant immédiatement les deux premiers Ordres, & ont été préfens :

MONSIEUR LE MARQUIS DE CAUSANS, *Préfident de l'Affemblée, & Député des Seigneurs Vaffaux.*

M. de Poulle, Prévôt d'Orange, *Député de fon Chapitre.*

M. le Marquis de Blocard, *Député des Seigneurs Vaffaux.*

M. de Bonfils de Colombier, Maire de la Ville d'Orange.
M. de Redonnet, Seigneur de Maucoil, premier Echévin.
M. Me. Pierre Philippe Bayle, Doyen des Profeffeurs en l'Univerfité.
M. Me. Jean-Baptifte Taulameffe, Docteur ès Droits.
} *Députés de lad. Ville d'Orange.*

M. Morel, Maire.	} Députés de la Ville de Courthezon.
M. Reboul.	
M. Joffroy, Maire, Echevin.	} Députés du Bourg de Jonquieres.
M. Alexandre Falque.	
M. Jacques-Joseph Goubert, Conful.	} Députés de la Communauté de Gigondas.
M. Jean-Joseph-Florent Vaton.	
M. Joseph Leydier, Conful.	} Députés de la Communauté de Violès.
M. Paul-François Richard.	

M. le Marquis de Caufans a remis au Secretaire de l'Assemblée une Lettre close de SA MAJESTÉ pour en faire lecture ; cette Lettre étant de la teneur suivante :

 " A Mons. le Marquis de Caufans.

" Mons. le Marquis de Caufans, mon intention est que
" jusqu'à ce que j'en aye autrement ordonné, vous pré-
" sidiez non-seulement l'Assemblée des Représentans de la
" Principauté d'Orange qui se tient chaque année, &
" dont j'ai pour celle-ci fixé l'ouverture au 16 Février pro-
" chain ; mais encore toutes les autres Assemblées qui
" seroient convoquées dans cette Principauté en vertu de
" mes Ordres. Je déroge à cet effet à celles des dispofi-
" tions de l'Arrêt du Conseil du treize Avril 1785 qui
" pourroient être à ce contraires. La réputation méritée
" dont vous jouissez m'apprend tout ce que je dois me

» promettre de votre zele, de vos lumieres & de vos
» talens dans la miſſion que je vous confie. Sur ce je prie
» Dieu qu'il vous ait, Mons. le Marquis de Cauſans, en
» ſa ſainte garde. Ecrit à Verſailles, le 29 Janvier mil ſept
» cent quatre-vingt-neuf. *Signé*, LOUIS.

CHASTENET DE PUISÉGUR.

Lecture faite de la Lettre cloſe de Sa Majeſté, M. le Marquis de Cauſans a dit :

» Meſſieurs, vous venez d'entendre la lecture de la
» Lettre par laquelle le Roi m'a fait l'honneur de me nom-
» mer Préſident de cette Aſſemblée. Flatté, comme je
» dois l'être, de cette marque de confiance de la part de
» Sa Majeſté, il ne manque à ma ſatisfaction que de n'a-
» voir pu faire précéder ma nomination, de la réunion de
» vos ſuffrages. La rapidité des circonſtances & l'impor-
» tance de les ſaiſir pour le bien de ce Pays, ont précipité
» ma réſolution, & mon amour pour la Patrie a pu ſeul
» me déterminer à accepter une fonction dont je ne fonde
» le ſuccès que ſur votre approbation & le ſecours de vos
» lumieres.

L'Aſſemblée a applaudi par acclamation & par un ſuffrage unanime au choix que Sa Majeſté a fait de M. le Marquis de Cauſans pour préſider l'Aſſemblée.

M. le Député du Chapitre a dit :

» Meſſieurs, il n'eſt pas de circonſtance plus flatteuſe
» pour un Citoyen que celle où il ſe trouve honoré de la
» confiance publique ; mais il n'en eſt pas auſſi dont les
» obligations ſoient plus importantes & plus difficiles à
» remplir. La nouvelle carriere dans laquelle nous allons
» entrer, nous préſentera des difficultés à combattre, des
» obſtacles à vaincre, des intérêts particuliers à ménager,

„ ceux du public à conferver : que favons-nous encore ?
„ Il eſt vrai, Meſſieurs, que nous aurons devant les yeux
„ la conduite de ceux qui nous ont précédé, la fageſſe de
„ leurs délibérations, l'exactitude de leur adminiſtration,
„ l'ordre qu'ils ont créé, celui qu'ils ont conſtamment ſuivi
„ dans leurs opérations ; mais ce fécours lui-même nous
„ impofe auſſi la loi d'un travail exempt de diſtraction.

„ S'il m'étoit permis de citer un modèle, la juſtice me le
„ feroit trouver dans la perſonne à laquelle j'ai l'honneur
„ de fuccéder, fans avoir efpoir de la remplacer.

„ Heureux fi nous pouvons nous livrer aux affaires avec
„ cet abandon & cet efprit de fuite néceſſaires pour en aſ-
„ furer le fuccès, & nous rendre dignes de la confiance
„ qui nous a été donnée !

„ Depuis l'Arrêt fortuné de 1785, chaque année,
„ Meſſieurs, a été marquée par un nouveau bienfait de
„ Sa Majeſté ; Elle met le comble, dans ce moment, à
„ fes bontés pour nous, en daignant nous confirmer les
„ graces qu'Elle nous avoit accordées, & y ajouter encore
„ par le choix qu'Elle a fait d'un Préſident recommanda-
„ ble comme fes Ancêtres par fon patriotifme & par fes
„ vertus. Déja l'intérêt qu'il nous porte s'eſt manifeſté par
„ fon zele ; fa conſtance a furmonté tous les obſtacles, &
„ procuré à la Principauté d'Orange des avantages qui
„ fembloient n'être réſervés qu'aux plus grandes Provinces.

„ Notre bonheur, Meſſieurs eſt dans nos mains, notre
„ force dans notre union, notre gloire dans notre zele &
„ notre amour du bien public.

L'Aſſemblée a applaudi à tous les points du difcours de M. l'Abbé de Poulle, Député du Chapitre.

M. le Préſident a propofé que MM. les Députés remiſsent sur le Bureau leurs pouvoirs respectifs ; & en conséquence, MM. les Députés ont remis les Délibérations qui les autorisent à avoir entrée, séance & voix délibérative dans l'Assemblée.

Lecture faite des différentes Délibérations :

L'Assemblée a admis les pouvoirs de MM. les Députés, & a arrêté que les protestations contenues dans lesdites Délibérations ne pourront attribuer ni déroger à aucun droit des parties ; les Députés des différentes Communautés se réservant toutes leurs défenses pour la conservation de leurs droits respectifs.

M. le Président a proposé la nomination du Secretaire-Greffier des Etats.

Sur laquelle proposition l'Assemblée a unanimement confirmé Me. Pailliet dans ses fonctions de Secretaire aux Etats précédens.

M. le Président a dit qu'il étoit convenable de députer Me. Pailliet, Secretaire, à M. le Commissaire du Roi pour l'avertir que l'Assemblée est formée & prête à le recevoir ; & M. l'Abbé de Poulle, M. le Marquis de Blocard, M. de Bonfils de Colombier & M. Morel ont été députés pour le recevoir à la premiere porte de la Salle qui précede celle des Etats.

M. de Jonc, Commissaire du Roi est entré accompagné de MM. les Députés, & a salué l'Assemblée qui s'est levée pour lui rendre le salut.

M. le Commissaire du Roi ayant pris sa place dans un fauteuil en face de M. le Président, & s'étant assis & couvert, ainsi que les Membres de l'Assemblée, a remis au Secretaire une Lettre du Ministre des Finances pour en faire lecture : cette lettre étant de la teneur suivante ;

Paris

de la Principauté d'Orange.

Paris, le 28 Janvier 1789.

„ J'ai l'honneur de vous annoncer, Monsieur, que Sa
„ Majesté vous a choisi pour remplir les fonctions de
„ Commissaire du Roi, à l'Assemblée des Représentans
„ de la Principauté d'Orange, indiquée au 16 Février
„ prochain, & à celle qui devra avoir lieu le troisieme
„ jour après celui de la clôture de la premiere, confor-
„ mément aux instructions dont j'envoie l'expédition à
„ M. l'Intendant, & qui vous seront remises par ce Magis-
„ trat. Je ne doute point, Monsieur, de tous vos efforts
„ pour justifier la confiance de Sa Majesté, d'après les
„ preuves que vous avez déja données de votre zele &
„ de votre dévouement au bien de son service.

„ J'ai l'honneur d'être très-sincérement, Monsieur,
„ Votre très-humble & très-obéissant Serviteur, NECKER
„ M. DE JONC, Juge Royal d'Orange.

Lecture faite de ladite Lettre, M. le Commissaire du Roi a dit:

„ Messieurs, Sa Majesté, pour donner à la Principauté
„ d'Orange une nouvelle preuve de sa confiance dans
„ l'affection & le zele des Habitans de ladite Princi-
„ pauté, a jugé convenable que désormais les fonctions
„ de Commissaire du Roi ne fussent plus réunies avec
„ celles de la Présidence de l'Assemblée; & en consé-
„ quence elle a fait choix de M. le Marquis de Cau-
„ sans, pour la présider. Ce choix est d'une prédilection
„ marquée pour la Principauté. Né au milieu de vous,
„ d'une famille alliée aux anciens Princes d'Orange, &
„ qui a donné, sous leur domination, des Gouverneurs
„ à la Principauté, M. le Marquis de Causans parcourt

» lui-même à grands pas, la carriere de la gloire, &
» joint aux vertus militaires, les vertus civiles & poli-
» tiques, bien plus précieufes encore. Vous éprouvez,
» Meffieurs, les heureux effets de fon zele patriotique
» & de fon amour pour le bien public. Puifqu'il a rempli
» vos éfpérances, animez-vous de fon efprit, & pénétrez-
» vous de ce grand principe, que ce n'eft que par l'union
» & l'harmonie dans les délibérations qu'on peut certai-
» nement parvenir à faire le bien.

» Quant à moi, honoré par Sa Majefté du titre de
» fon Commiffaire, je me ferai toujours un devoir de
» veiller avec vous au bonheur du Pays, autant pour
» feconder les vues bienfaifantes de Sa Majefté, que
» par les liens qui m'attachent à ma Patrie. Je viens vous
» faire connoître les intentions de Sa Majefté. Elle s'eft
» fait remettre fous les yeux les Arrêts rendus en fon
» Confeil, les 13 Avril 1785 & 7 Décembre 1786, &
» les Procès-verbaux de vos Affemblées tenues en 1786
» & 1787. Elle m'ordonne de vous rappeller que par
» l'article 4 de l'Arrêt de fon Confeil, du 7 Décembre
» 1786, Sa Majefté a ordonné que fur le reliquat des
» Impofitions de 1785 & le produit des Impofitions de
» 1786, montant enfemble à la fomme totale de 50113
» liv. 14 f. 5 d., il feroit employé celle de 6074 liv.
» 6 f. 10 d., en remboursement de Capitaux des Rentes
» conftituées fur les Laïcs, & dues par la Principauté,
» en fe conformant aux difpofitions de l'article 10 du
» même Arrêt, par lequel Sa Majefté a ordonné que les
» rembourfemens des Capitaux feroient faits en commen-
» çant par les créances qui font conftituées ou entre-
» tenues au plus haut denier, & qu'en cas de concours

de la Principauté d'Orange.

„ de créanciers & d'égalité de créance, la préférence
„ feroit donnée à celui qui, par une remife, feroit la
„ condition plus avantageufe.

„ Que Sa Majefté a obfervé que, par les délibéra-
„ tions prifes dans l'Affemblée du mois de Septembre
„ 1787, les Repréfentans de la Principauté avoient
„ demandé que cette même fomme de 6074 liv. 6 f.
„ 10 d. fût employée par préférence en remboursement,
„ fur la fomme de 15544 liv. qui reftoit due au fieur
„ Dupin, ancien Entrepreneur de la grande route d'O-
„ range, fuivant l'Ordonnance de M. l'Intendant, non
„ compris les intérets à cinq pour cent depuis le mois
„ de Décembre 1785.

„ Que de même ils avoient demandé que la fomme
„ de 6000 liv. reftant libre fur les Impofitions de 1787,
„ & celle de 6032 liv. 9 f. 4 d., dont il reftoit éga-
„ lement à difpofer fur les Impofitions de 1788, fuffent
„ appliquées à la même deftination, de forte que, fur
„ le produit des Impofitions defdites deux années, il
„ ne refteroit aucune fomme à employer au rembour-
„ fement des Capitaux des anciennes dettes. Sa Majefté
„ m'ordonne encore de vous faire connoître que fon
„ intention eft que les articles 4 & 10 de l'Arrêt de
„ fon Confeil du 7 Décembre 1786, foient exécutés felon
„ leur forme & teneur, qu'elle ne s'écartera point du
„ plan arrêté dans fa fageffe, & qu'elle a manifefté par
„ l'Arrêt de fon Confeil du 13 Avril 1785, en annon-
„ çant qu'elle vouloit bien confentir à affecter la tota-
„ lité des fommes impofées en fon nom, à compter de
„ l'année 1784, au paiement des Dettes & Dépenfes
„ anciennes de la Principauté, jufqu'à leur entiere extinc-

„ tion & remboursement ; mais qu'elle n'en accorderoit
„ la remise qu'en justifiant chaque année par les Repré-
„ sentans de la Principauté, de l'état appuyé de pieces,
„ & préalablement vérifié & visé par le Sieur Intendant
„ & Commissaire départi de l'emploi qui auroit été fait
„ des fonds provenans de la remise de l'avant-derniere
„ année.

„ Qu'afin de donner à l'Assemblée de la Principauté un
„ délai suffisant pour mettre en regle sa comptabilité, ainsi
„ que l'a demandé l'Assemblée du mois de Septembre 1787,
„ par la délibération qu'elle a prise sur cet objet, l'in-
„ tention de Sa Majesté est, que la remise des Imposi-
„ tions de 1789 soit accordée sur la représentation d'un
„ état vérifié par M. l'Intendant, & appuyé des pieces
„ nécessaires, qui justifie que les Impositions de l'année
„ 1786, y compris le reliquat de celles de 1785, ont
„ été exactement employées, suivant la distribution or-
„ donnée par l'article 4 de l'Arrêt du Conseil du 7
„ Décembre 1786.

„ A l'égard des Impositions de 1787, l'intention de
„ Sa Majesté est, qu'il soit affecté sur lesdites Imposi-
„ tions au remboursement de partie des Capitaux des
„ anciennes dettes appartenans à des Laïcs, en se con-
„ formant à l'article 10 de l'Arrêt du 7 Décembre 1786,
„ pour la préférence à donner aux Capitaux constitués
„ & entretenus au plus haut denier, une somme de 4000
„ liv., à laquelle sera ajouté le montant des arrérages
„ qui auroient dû s'éteindre pour ladite année 1787 par
„ l'application en remboursement de Capitaux de la somme
„ de 6074 liv. 6 s. 10 d. affectée pour cet objet sur les
„ Impositions de 1786.

de la Principauté d'Orange.

„ Que de même fur les Impofitions de 1788, il fera
„ employé, en remboursement de Capitaux, pareille
„ fomme de 4000 liv., en y ajoutant celle à laquelle
„ s'élevoient les intérêts éteints par le remboursement
„ ordonné fur les fonds de 1786, & par celui égale-
„ ment ordonné par Sa Majefté, fur les fonds de 1787.

„ L'intention de Sa Majefté eft auffi, que l'Affemblée
„ des Repréfentans de la Principauté affecte, fur les Impo-
„ fitions de 1787 & 1788, le remboursement total de
„ la fomme due au fieur Dupin ancien Entrepreneur de
„ la grande route d'Orange, en principal & intérêt, par
„ préférence à toute autre deftination nouvelle, qui n'au-
„ roit point été fpécialement autorifée par Sa Majefté;
„ le bon ordre exigeant, dans toute Adminiftration,
„ qu'avant de fe livrer à des nouvelles dépenfes & entre-
„ prifes, celles entiérement terminées foient préalable-
„ ment foldées.

„ Enfin que ladite Affemblée forme un avant-projet
„ de l'emploi des fonds des Impofitions de 1789, lequel
„ fera adreffé au Confeil avec le Procès-Verbal des
„ féances de l'Affemblée, pour y être autorifé; l'intention
„ de Sa Majefté Etant que la Commiffion intermédiaire
„ ne puiffe délivrer aucun mandat, ni le Receveur parti-
„ culier de la Principauté effectuer aucun paiement fur
„ les fonds de ladite année 1789, avant que ledit état
„ de diftribution ait été autorifé par Sa Majefté, & ren-
„ voyé avec ladite autorifation à la Commiffion inter-
„ médiaire.

„ En un mot, Meffieurs, vous devez juftifier l'em-
„ ploi des Impofitions de 1786, vous conformer aux
„ intentions de Sa Majefté, relativement au rembour-

„ fement des anciennes créances & au paiement de ce
„ qui refte dû au fieur Dupin en principal & intérêt,
„ & former l'avant-projet de l'emploi des fonds des
„ Impofitions de 1789. De l'exactitude de ces forma-
„ lités dépend, Meffieurs, la tenue de la feconde Affem-
„ blée : il m'eft prefcrit de n'en faire l'ouverture, qu'au-
„ tant qu'il m'aura été remis une expédition du Procès-
„ Verbal de la premiere, & que je me ferai affuré de
„ l'exactitude de l'Affemblée à fe conformer aux inten-
„ tions de Sa Majefté que j'ai eu l'honneur de vous
„ faire connoître.

„ Enfin, Meffieurs, je me rappellerai toujours avec
„ la plus vive fenfation, que j'ai eu l'honneur de préfider
„ votre Affemblée pendant trois années qu'on peut
„ appeller l'enfance de votre régime. Le zele patrio-
„ tique qui en a toujours animé les membres ; m'a
„ enflammé, & j'ai partagé votre enthoufiafme. J'ai
„ fuivi, avec la même fatisfaction, & pendant le même
„ tems, les opérations de la Commiffion intermédiaire ;
„ l'efprit d'ordre & d'économie les a toujours dirigées;
„ le compte qu'elle croit devoir mettre fous fes yeux,
„ préfentera le détail le plus exact de la fituation actuelle
„ du Pays, & l'apperçu rapide de fes moyens. Ce travail
„ qu'elle s'eft impofée pour remplir la confiance de l'Af-
„ femblée, vous mettra, Meffieurs, fur la voie des objets
„ qui vont être foumis à vos délibérations ».

M. le Commiffaire a enfuite mis fur le Bureau, copie des inftructions dont il vient de faire lecture.

M. le Préfident a répondu :

„ Monfieur, nous allons nous occuper, avec zele &
„ empreffement, des objets dont vous venez de nous

de la Principauté d'Orange.

„ faire le détail, & nous ne pourrons mieux répondre
„ à la confiance dont nos Concitoyens nous ont hono-
„ rés, qu'en fecondant de tous nos efforts les vues
„ paternelles & bienfaifantes de Sa Majefté, & en nous
„ conformant à fes ordres. Je fuis extrêmement fenfible
„ aux témoignages que vous rendez au zele dont je fuis
„ animé pour ma Patrie. J'ai rempli un de mes devoirs
„ les plus facrés, en m'efforçant de lui être utile, &
„ je ferai trop récompenfé, fi j'ai pu y parvenir.

„ Vous avez fçu, Monfieur, en vous acquittant des
„ doubles fonctions de Commiffaire du Roi & de Pré-
„ fident de cette Affemblée, mériter tout à la fois &
„ la confiance du Souverain, & celle de la Principauté.
„ Si la féparation que Sa Majefté vient de faire de ces
„ deux fonctions, nous prive déformais de l'avantage de
„ vous avoir pour témoin de nos délibérations, nous n'en
„ réclamerons pas moins auprès de vous, Monfieur, le
„ fecours du zele & de lumiere dont vous avez fi conf-
„ tamment donné des preuves, & qui vous ont acquis
„ des juftes droits à la reconnoiffance publique ".

Enfuite M. le Commiffaire du Roi s'étant levé a falué l'Affemblée qui s'eft également levée, & il a été reconduit, jufqu'à la porte de la Salle qui précede celle de l'Affemblée, par les mêmes Députés nommés pour le recevoir.

M. le Préfident a propofé à l'Affemblée d'aller à la Cathédrale, pour entendre la Meffe du St. Efprit, & affifter aux Prieres qui fe feront pour le Roi.

L'Affemblée s'eft rendue, de la Salle des Etats, dans l'Eglife Cathédrale, dans le même ordre que ci-devant,

& s'est placée dans le Sanctuaire, M. le Président dans un fauteuil avec un tapis de pied.

La Messe du St. Esprit a été célébrée par M. l'Archidiacre du Chapitre, & les prieres pour le Roi chantées au bruit des boîtes.

La Messe & les Prieres finies, l'Assemblée est revenue, dans le même ordre, dans la Salle des Etats.

M. le Président a proposé de faire une députation à M. l'Evêque, pour le féliciter sur son retour, & lui témoigner la joie publique de ce qu'il avoit été conservé à son Eglise. L'Assemblée a unanimement applaudi à cette proposition, & M. le Président a nommé à la députation M. l'Abbé de Poulle, M. le Marquis de Blocard, M. de Redonnet & M. Morel.

La prochaine séance a été renvoyée à ce jourd'hui quatre heures après-midi, & a, M. le Président, signé avec le Secretaire-Greffier.

Signé, Le Marquis DE CAUSANS.

PAILLIET, *Secretaire-Greffier.*

Dudit jour à quatre heures après-midi:

M. le Président a fait observer que les Membres qui composoient la Commission intermédiaire ne se trouvoient pas tous dans l'Assemblée, à cause des remplacemens qui avoient été faits de M. l'Abbé de Guillomont, & de M. de Saüsin, & qu'il seroit intéressant que ces Messieurs fussent invités de s'y rendre, pour faire, avec M. de Colombier Membre de l'Assemblée & présent, le rapport de l'état de situation de la comptabilité, des ouvrages publics & des affaires importantes confiées à leur soin;

ce

ce que l'Assemblée ayant approuvé ; ces Messieurs ayant été invités, sont entrés & ont pris place.

M. de Bonfils de Colombier s'est réuni à ces Mrs. & M. l'Abbé de Guillomont portant la parole ils ont dit :

„ Messieurs, honorés depuis plusieurs années de la
„ confiance de nos Concitoyens, & chargés de veiller
„ à l'exécution des délibérations des Etats de la Prin-
„ cipauté, un de nos devoirs les plus importans, c'est
„ de mettre sous vos yeux l'état de sa situation actuelle,
„ & de vous rendre compte de nos opérations dans l'exer-
„ cice des fonctions qui nous étoient confiées.

„ Quand notre travail ne devroit avoir d'autre utilité
„ que de faciliter le vôtre, nous trouverions dans ce seul
„ motif un dédommagement plus que suffisant pour ce
„ qu'il a pu nous coûter de peine.

„ Nous vous le présentons donc, Messieurs, avec con-
„ fiance, espérant que vous voudrez bien le regarder
„ comme un foible témoignage du zele qui nous anime
„ pour le bien de la Patrie.

„ Trois objets principaux doivent ici, Messieurs, fixer
„ votre attention; l'état de situation de la Comptabilité,
„ celui des ouvrages publics confiés à notre Adminis-
„ tration, & enfin les affaires importantes dont nous
„ avons été occupés, & sur lesquelles vous aurez à
„ délibérer.

COMPTABILITÉ.

„ AVANT de vous exposer, Messieurs, en détail
„ l'état actuel de la Principauté; pour ce qui concerne
„ la Comptabilité, peut-être ne sera-t-il pas inutile de

„ vous préfenter le tableau de fa fituation, à l'époque
„ de l'Aſſemblée de l'année 1785.

„ Vous fçavez, Meſſieurs, que l'état de la Principauté
„ etoit alors véritablement effrayant.

„ Les dettes arréragées & exigibles s'élevoient à plus
„ de *quatre-vingt-dix mille livres*; le paiement ne pou-
„ voit, fans les plus grands inconvéniens, en être différé
„ plus long-temps. C'étoient des penfions accumulées,
„ dues aux créanciers de la Principauté.

„ Le prix des fonds fur lefquels la grande route avoit
„ été conftruite, dont le paiement fufpendu depuis plus
„ de fix ans, ne pouvoit être différé fans injuftice.

„ Le falaire d'ouvriers employés par l'Adminiftration.

„ Des arrérages dus au College d'Orange qui, à raifon
„ de la modicité de fes revenus & du retard du paie-
„ ment qu'il éprouvoit, étoit dans l'impoſſibilité de con-
„ tinuer fes fonctions.

„ C'étoit enfin une multitude d'autres objets également
„ preffans, dont il eût été tout à la fois injufte & dan-
„ gereux de fufpendre encore le paiement.

„ Il falloit en même temps pourvoir à la perfection
„ d'une partie de la grande route, à la conftruction
„ entiere de l'autre, à fon entretien pour l'avenir;

„ Satisfaire aux engagemens de la Principauté envers
„ le fieur Dupin ancien Entrepreneur, dont le bail venoit
„ d'être réfilié, & qui, en vertu d'une Ordonnance de
„ M. l'Intendant, rendue fur le rapport du fieur Roland
„ Ingénieur en chef de la Province de Dauphiné, récla-
„ moit encore une fomme de 34544 liv. 16 fols, avec
„ l'intérêt au denier vingt.

„ Il falloit garantir nos propriétés des ravages des tor-

de la Principauté d'Orange.

„ rents dont la Principauté est traversée, entretenir entre
„ le Comtat, le Languedoc & nous, une communica-
„ cation absolument essentielle à notre commerce, & que
„ l'état affreux dans lequel étoient tous les chemins inté-
„ rieurs de la Principauté, rendoit souvent impossible pen-
„ dant six mois de l'année.

„ Il falloit enfin s'occuper de la liquidation des anciennes
„ dettes de la Principauté, qui s'élevoient à 402764 liv.
„ 1 s. 3 d., & assurer pour l'avenir, l'exactitude du paie-
„ ment des rentes, ainsi que de tous les autres objets
„ de dépense dont la Principauté se trouve chargée.

„ Telle étoit, Messieurs, la situation de la Principauté.

„ Telle étoit la tâche imposée à ceux que le choix de
„ leurs Concitoyens appelloit à l'Administration publique;
„ & cette tâche importante, il falloit la remplir, sans re-
„ courir à de nouveaux impôts dont le fardeau résultant des
„ charges déja existantes, & des calamités que la Prin-
„ cipauté a éprouvé pendant ces dernieres années, & qui
„ semblent s'accroître chaque jour, auroit probablement
„ rendu la perception impossible.

„ L'Assemblée des Etats de 1785 sentit la grandeur
„ de nos maux, elle s'efforça d'en sonder toute la pro-
„ fondeur; elle en fut effrayée, mais son zele ne se
„ rebuta point. Animée de l'amour du bien public, elle
„ s'attacha inviolablement aux deux grands moyens qui
„ seuls pouvoient en être le remede, & qui ne trom-
„ pent jamais l'espérance d'une Administration vigilante,
„ l'ordre & l'économie.

„ Les Assemblées de 1786 & 1787 ont suivi les mêmes
„ principes, & nous, Messieurs, qui, jusqu'à ce moment,
„ avons eu à remplir l'honorable fonction de veiller à l'exé-

„ cution des délibérations des Etats, nous nous ferions
„ regardés comme bien coupables envers la Patrie, fi
„ nous avions pu nous permettre de nous écarter un
„ feul moment de la voie qui nous étoit tracée.

„ Vous ne devez pas fans doute vous attendre, MM.,
„ que nous mettions fous vos yeux un tableau de notre
„ fituation actuelle, qui puiffe faire oublier tous nos
„ maux, & qui fatisfaffe à cette multitude de dettes
„ & d'objets de dépenfe qui en étoient la fource. Le
„ fuccès qui fuit les opérations dirigées par l'efprit d'ordre
„ & d'économie, eft toujours certain, mais fa marche eft
„ néceffairement lente.

„ Cependant nous nous livrons à la douce fatisfaction de
„ penfer que la fituation de la Principauté eft dans ce
„ moment auffi heureufe qu'il étoit permis de l'efpérer.

„ *En voici le Tableau* :

„ Le premier objet qui fixa l'attention des Etats de
„ 1785, fut le paiement des dettes exigibles & arréragées.
„ Les impofitions de 1784 & 1785 furent deftinées en
„ entier, pour en effectuer le remboursement.

Ce point important a été fidellement rempli; les comptes
„ de 1784 & 1785 ont été arrêtés dans les dernieres Affem-
„ blées, & les objets dont le paiement n'avoit pu être
„ effectué avant la clôture des comptes de 1785, pour
„ les raifons particulieres que nous eûmes l'honneur d'ex-
„ pofer à la derniere Affemblée, ont été portés à la tête
„ des comptes de 1786, ainfi que les fonds qui leur
„ étoient affignés.

La liquidation des dettes exigibles de la Principauté fi
effentielle à fon bonheur, eft donc enfin entiérement
confommée.

de la Principauté d'Orange.

Le second objet dont s'occupa l'Assemblée de 1785, fut de proposer l'emploi des fonds de 1786, réunis aux reliquats des comptes précédents.

L'état dressé par l'Assemblée présentoit une somme de . . . 51109 liv. 6 s. 8 d.
à employer. Les dépenses absorboient cette somme.

Les charges fixes & annuelles s'élevoient à . . . 23439 7 7

Le restant étoit destiné, partie aux dépenses à faire pour les différens ouvrages publics dont l'entreprise ne paroissoit pas pouvoir être différée, partie au remboursement des dettes de la Principauté.

La somme assignée pour le remboursement se portoit à . . 6069 19 1
Celle pour les ouvrages publics à 21600
Somme égale au produit des impositions. . . . . 51109 liv. 6 s. 8 d.

L'état dressé pour l'emploi des impositions de 1787 a pour objet : 1°. d'assigner les fonds nécessaires à l'acquittement des charges annuelles & fixes ; elles s'élevent pour cette année en y comprenant l'augmentation accordée au College, à titre de gratification annuelle, ainsi que l'honoraire du Conseil de l'Administration à 21056 6 9

De l'autre part . . . . . 21056 liv. 6 f. 9 d.

2°. au remboursement tant des anciennes dettes de la Principauté, qu'à celui de quelques créances exigibles, réclamées après que l'état de 1786 eût été dressé : & enfin, d'une somme de huit cents livres assignée pour les intérêts dus au Sr. Dupin ; ces trois objets montent à 9833   0   0

Le restant des fonds des impositions de 1787 est destiné pour la continuation des différens ouvrages publics & revient à . . . 16542   7   9

Somme égale au produit des impositions. 47431 14 6

Nous desirerions bien, Messieurs, pouvoir mettre sous vos yeux le compte effectif des impositions de ladite année 1787 ; mais le défaut de perception des fonds à mis un obstacle invincible à notre bonne volonté ; il n'a été employé pour cette année que la somme de . 40519 11 6

Et celle qui reste à employer pour remplir la destination proposée par l'Assemblée de 1786, s'éleve à la somme de 6912   3   0

Vous le sçavez, Messieurs, les années qui viennent de s'écouler ont été bien malheureuses pour la Principauté, & l'hiver rigoureux de cette année, nous présente, pour celles qui vont suivre, une perspective affligeante.

de la Principauté d'Orange.

Au milieu de ces calamités publiques, ce seroit aggraver les maux de nos Concitoyens, que d'employer la rigueur pour la perception des impôts.

Nous croyons cependant que si les Exacteurs eussent apporté plus de vigilance dans leur exercice, ils auroient pu satisfaire au devoir de leur charge sans blesser celui que l'humanité prescrit dans des temps malheureux.

L'Assemblée de 1787 s'occupa de cet objet important, & pour soutenir l'activité des Exacteurs, elle crut nécessaire de faire dépendre de leur exactitude l'émolument de trois deniers de taxation qui leur avoit été promis en sus des six deniers que leur adjuge l'Arrêt du Conseil du 13 Avril 1785. Ce moyen paroît avoir été infructueux, & n'avoir pas fait sur eux toute l'impression que l'on devoit en attendre.

Nous croyons donc que l'ordre si essentiel à ramener dans la comptabilité, exigeroit que l'Assemblée prît encore cet objet en considération.

Vous sentez, Messieurs, que les mêmes raisons qui ont occasionné le retard de la rentrée des impositions de 1787, ont nécessairement influé plus fortement encore sur la perception de celles de 1788.

L'état de cette année présentoit pour les charges fixes & annuelles une somme de . . 21490 liv. 7 s. 7 d.
Pour le remboursement des dettes. 6209 9 4
Et pour les différens ouvrages publics . . . 19300 3 1

Somme égale au produit des impositions. 47000 liv. 0 s. 0 d.

Il n'a été perçu pour cette année que la somme de 19446 4 s. 2 d qui a été employée au paiement des charges fixes & des objets de dépense pour les ouvrages publics qui ne paroiſſoient pas pouvoir ſouffrir le moindre retardement.

Il reſte par conſéquent à percevoir, ſur les Impoſitions de cette année, la ſomme de 27553 liv. 15 ſ. 10 d. qui, jointe à celle de 6912 liv. 3 ſ., montant de ce qui n'a pas été perçu ſur les Impoſitions de l'année 1787, porte les ſommes en arrérage à . . 34465 18 10

Ces arrérages vous paroîtront peu conſidérables, MM., ſi, aux malheurs qu'a éprouvé la Principauté, & dont nous venons de parler, vous joignez l'obligation dans laquelle s'eſt trouvée l'Adminiſtration, de percevoir, dans l'eſpace de trois années, les Impoſitions de cinq.

Ainſi, Meſſieurs, tel eſt l'état actuel de la ſituation de la Principauté, pour ce qui concerne la Comptabilité.

Il a été payé, depuis le commencement de notre Adminiſtration, pour les dettes exigibles
& arréragées. ci. . . . 90887 5 7
Pour les charges fixes & annuelles
de la Principauté, la ſomme de . . 55645 16 3
Pour partie des ouvrages publics
jugés abſolument indiſpenſables, ci. 46327 12 6
Et enfin pour le remboursement
des dettes. 8669 19 1

Total. 201529 13 5

Les fonds des Impoſitions des
années 1784, 1785, 1786, 1787
& 1788 reviennent à 235995 12 3
Il reſte encore à employer. . 34465 18 10

Somme

Somme égale à celle du montant des arrérages defdites Impofitions.

La deftination de toutes ces fommes avoit été propofée par les Affemblées précédentes, conformément aux états qu'elles en avoient dreffé. L'abfolue néceffité d'une grande partie de ces dépenfes, & l'évidente utilité de l'autre, nous perfuadoient qu'elles devoient être approuvées par le Confeil.

L'Affemblée de 1787 avoit également fupplié Sa Majefté de permettre, que les fommes deftinées annuellement au remboursement des dettes de la Principauté, fur les Impofitions des années 1786, 1787 & 1788, fuffent employées, par préférence, au paiement des 14544 liv. 16 f., & à tous les intérêts encore dus au fieur Dupin ancien Entrepreneur de la grande route, en vertu de l'Ordonnance de M. l'Intendant, du 30 Novembre 1785. La créance du fieur Dupin étoit exigible; elle étoit au cinq pour cent; il paroiffoit impoffible de fatisfaire tout à la fois à cet objet & au remboursement des dettes anciennes, parmi lefquelles il ne fe trouve qu'un principal de 3000 l. au cinq pour cent. Tous ces motifs faifoient préfumer à l'Affemblée que fa demande feroit favorablement accueillie. Le filence des Adminiftrateurs fupérieurs, depuis l'époque de l'Affemblée de 1786, confirmoit encore ces conjectures.

Enfin il étoit impoffible que l'Adminiftration de la Principauté pût refter pendant un fi long efpace de temps dans une inaction qui auroit rendu le nouveau régime, que la bienfaifance du Roi avoit bien voulu lui accorder, plutôt nuifible qu'avantageux au bonheur du Pays.

Tel étoit, Meffieurs, l'état des chofes, lorfque nous

avons appris, que les inftructions adreffées à M. le Commiffaire du Roi, & qu'en qualité de Préfident de la Commiffion intermédiaire il a dû nous communiquer, portent que l'intention de Sa Majefté eft, 1°. que la fomme de 6069 liv., deftinée en 1786 au remboursement de nos anciennes dettes, ne puiffe pas être appliquée, comme l'Affemblée de 1787 l'avoit demandé, au remboursement du fieur Dupin; 2°. Qu'il foit affigné, fur les Impofitions de 1787 & 1788, les fonds néceffaires pour payer les 14544 liv. 16 f., & tous les intérêts qui lui font dus; 3°. enfin, qu'il foit encore affecté, fur les Impofitions de chacune de ces deux années, une fomme de 4000 l., pour le remboursement de nos anciennes dettes.

Vous le fentez, Meffieurs, ces différentes difpofitions doivent opérer les plus grands changemens à celles qui avoient été adoptées par les Affemblées précédentes.

La fituation de l'Affemblée fe trouve donc, en ce moment, affez embarraffante. Une grande partie des Impofitions de 1787 & 1788 a déja été employée aux dépenfes propofées par les derniers Etats, & les fommes qui reftent à employer, font en partie abforbées par l'adjudication des différens ouvrages qui a été donnée.

Il eft cependant effentiel d'un autre côté de fe conformer aux ordres de Sa Majefté.

C'eft à votre fageffe, Meffieurs, qu'il appartient de fatisfaire à la fois à ces deux objets importans; pour faciliter votre travail, nous prenons la liberté de joindre ici :

1°. Un projet d'état de l'emploi des fonds de 1787, dreffé conformément aux inftructions de M. le Commiffaire du Roi.

2°. Celui des Impositions de 1788.

3°. Enfin, un état des sommes que les changemens opérés dans les états présentés par les Assemblées précédentes, obligent de porter sur les Impositions de 1789 que vous allez demander au Roi.

Le résultat de ce travail présente d'une part la somme de 17909 liv. 18 s. 2 d., pour l'entier paiement de la créance du sieur Dupin, en principal & intérêt, jusqu'au premier Janvier 1790; d'autre part la destination d'une somme de 8000 liv., pour le remboursement de nos anciennes dettes; & enfin la somme de 7794 liv. 9 s. 6 d., à porter sur les Impositions de 1789, pour remplacer les objets retirés des états dressés par les années précédentes, & satisfaire aux adjudications déja données des ouvrages intéressans qui s'exécutent dans ce moment.

Tel est, Messieurs, le moyen qui nous a paru le plus convenable pour remédier à l'embarras dans lequel pouvoit se trouver l'Assemblée.

Nous avons l'honneur de le soumettre à votre examen & à votre sagesse.

OUVRAGES PUBLICS.

NOUS avons actuellement, Messieurs, à mettre sous vos yeux l'état de situation des différens Ouvrages publics confiés à notre administration.

Ils ont pour objet la construction & entretien des chemins, & les réparations aux bords des rivieres qui menacent la Principauté des plus grands ravages.

CHEMINS.

LEs chemins de la Principauté peuvent être divisés en trois classes.

La grande route d'Orange à Bédaride & aux limites de Piolenc forme la premiere classe ; elle a *neuf mille* & quelques cents toises de longueur.

Dans la seconde, doivent être rangées les routes d'Orange à Beauregard, par Jonquieres, à Camaret, à Serignan & à Caderousse : elles forment, réunies, une étendue d'environ huit mille toises.

La troisieme classe renferme tous les chemins vicinaux de la Principauté ; leur étendue est très-considérable ; mais ces chemins sont évidemment d'une moindre importance que les autres.

GRANDE ROUTE.

VOus le sçavez, Messieurs, la grande route est le plus essentiel des objets confiés à notre administration.

L'intérêt qu'elle doit inspirer est proportionné, & aux avantages dont elle est la source, & aux dépenses énormes qu'elle occasionne à la Principauté, depuis bien des années. Aussi l'Administration a cru ne devoir rien négliger, soit pour sa construction, soit pour son entretien.

Nous avons, MM., la satisfaction de vous annoncer qu'enfin nous touchons au moment où elle n'exigera plus que les réparations d'un entretien ordinaire. Les sommes employées, pour cet objet, depuis 1785, s'élevent à 28495 l. 11 s. 4 d. Il a été pris sur les Impositions de 1786,

de la Principauté d'Orange.

la somme de 10000 liv., sur celles de 1787, — 12795 l. & enfin, sur les fonds de 1788, — 9604 liv. 3 s. 1 d.

Si les états dressés par les Assemblées précédentes avoient été approuvés, nous n'aurions à porter, sur les Impositions de 1789, que la somme nécessaire pour les gages des Cantonniers, & pour partie de l'approvisionnement annuel de gravier. Mais les changemens opérés dans les états vous obligeront peut-être de demander à Sa Majesté qu'il soit assigné sur ces Impositions, 1°. une somme de 3684 l. 9 s. 6 d., pour le paiement des adjudications données pour l'entiere construction de la route, depuis le pont d'Egues, jusqu'aux limites de Piolenc, & pour les autres réparations contenues dans les devis. 2°. Celle de 1296 liv., pour les gages des quatre Cantonniers ; & enfin celle de 2400 liv., pour la recharge en gravier, nécessaire à l'entretien de la route, depuis Orange jusqu'aux limites de Bédarides.

La partie, depuis Orange jusqu'aux limites de Piolenc, étant comprise dans l'adjudication dont nous avons déja parlé, elle ne paroît pas devoir être susceptible d'aucune réparation pour cette année. Toutes ces sommes réunies reviennent à 7380 9 6

Il ne resteroit plus, pour consommer entièrement ce grand ouvrage, qu'à pourvoir aux fonds nécessaires pour la construction du pont, près le moulin du sieur Plumail. Cet objet étoit compris dans l'adjudication du pourtour de la Ville d'Orange, donnée en 1787 au sieur Raimond Monier ; mais les difficultés élevées par le sieur Plumail obligerent d'en suspendre l'exécution. En suivant les plans & devis dressés à ce sujet, cette dépense étoit portée à 300 liv. En exécutant le pont conformément aux defirs du fieur Plumail, la dépenfe n'excéderoit pas 700 l. Nous croyons donc que fi l'Affemblée eft en situation de pouvoir affigner cette fomme fur les impofitions de 1789, elle rempliroit le double objet de perfectionner la route, & de fatisfaire aux réclamations d'un Citoyen eftimable, qui ne paroiffent pas dépourvues de toute juftice.

CHEMIN DE JONCQUIERES.

PARMI les différens chemins compris dans la feconde claffe, celui d'Orange à Carpentras, par Joncquieres & Beauregard, a paru, aux précédentes Affemblées, le plus digne de l'attention de l'Adminiftration.

Le Commerce établi entre Orange & Carpentras, Capitale du Comtat, eft, pour la Principauté, d'une trop grande importance pour négliger aucun des moyens d'en foutenir l'activité.

L'ancienne route d'Orange à Pecoulette par Coavedel eft dans un état de délabrement affreux, & abfolument impraticable pendant fix mois de l'année. Il étoit donc effentiel, ou de la réparer folidement, ou d'ouvrir une nouvelle direction, fur la Garrigue, le long de la grande route à la hauteur de Pecoulette.

Ce projet parut le feul praticable, & proportionné aux forces de la Principauté, aux membres de l'Affemblée de 1785. Ils demanderent donc qu'il fût affigné, pour cet objet important, la fomme de 2800 liv. fur les Impofitions de 1786.

L'Affemblée de 1786, perfiftant dans ce projet, affigna encore pour cette dépenfe, fur les fonds de 1787, une fomme de 1000 liv. Enfin, à l'Affemblée de 1787, il s'éleva, de la part de quelques Citoyens eftimables, des réclamations fur cette direction, dont nous eûmes l'honneur de lui faire part dans le compte que nous lui rendîmes. Il fut nommé des Commiffaires, pour aller faire l'examen des deux directions, & dreffer un devis de la dépenfe de l'une & de l'autre. Le rapport de Meffieurs les Commiffaires porta la dépenfe à faire, pour réparer d'une maniere folide la direction par Coavedel, au-deffus de dix mille livres; le devis de celle fur la Garrigue ne s'élevoit pas au-deffus de 6000 liv.; cette derniere direction, quoique plus longue de 260 toifes feulement, réuniffoit les précieux avantages de préfenter une bafe folide, à l'abri de toutes les irruptions des eaux. Son entretien ne pouvoit être difpendieux, parce qu'il n'y avoit que 1200 toifes qui duffent en exiger un particulier.

Enfin la multitude d'objets de dépenfe qu'exigeoient les différens befoins de la Principauté, ne paroiffoit pas devoir faire négliger une économie de près de 5000 liv. jointe à des fi grands avantages.

Ces motifs réunirent les fuffrages de l'Affemblée, & après avoir mûrement pefé toutes les différentes confidérations qu'exigeoit cet objet important, il fut arrêté que la direction par la Garrigue feroit fuivie. L'Affemblée propofa à Sa Majefté d'affigner, pour achever de fournir à cette dépenfe, une fomme de 2400 liv.; fur les impofitions de 1788, & nous chargea de procéder inceffamment à l'exécution.

L'adjudication en a été donnée aux encheres publiques, aux fieurs Volan & Raby, au prix de 5850 liv. L'ouvrage eft avancé à plus des deux tiers; les Adjudicataires ont reçu 4000 liv. à compte de leur adjudication, & tout annonce que cette route sera bientôt perfectionnée.

CHEMIN DE CAMARET.

LA route d'Orange à Camaret est encore comprise dans la seconde classe, elle ouvre la communication entre Orange, Violès, Gigondas, St. André, Vaison & les Baronnies. C'est par-là qu'une partie de l'approvisionnement du bois de chauffage que fournissent les forêts de Velage & de St. André, aboutit à la ville d'Orange. Ces considérations la mettent nécessairement au rang des chemins qu'il est plus particuliérement important d'entretenir.

L'état affreux où se trouvoit cette route, excitoit depuis long-temps les plaintes & les murmures, & chaque hiver voyoit naître des accidens fâcheux à ceux qui étoient forcés de la fréquenter.

MM. les Maire & Echevins d'Orange ne cessoient d'en solliciter le rétablissement, & la Communauté de Camaret, qui venoit de réparer la partie de cette route, sur son territoire, joignoit ses instances à celles de la Communauté d'Orange. Nous avons donc cru ne pouvoir rien faire de mieux que de porter, sur cette partie, les fonds assignés, dans les différens états, à l'entretien des chemins intérieurs d'Orange. L'adjudication en fut donnée au prix de 1383 liv. 6 s. 8 d.; & l'ouvrage a été exécuté conformément au devis.

Mais la modicité de cette somme ne pouvoit opérer une réparation bien solide; il est donc essentiel, pour ne pas perdre le fruit des travaux déja exécutés, d'assigner

le

de la Principauté d'Orange. 33

le plutôt possible des fonds pour une recharge en gravier. Nous ne pensons pas que cette dépense puisse être considérable. Une somme de 1000 liv. paroîtroit suffisante.

CHEMIN DE SERIGNAN.

LE Chemin de Serignan est encore bien intéressant pour la Principauté. C'est le seul qui aboutisse aux forêts de Serignan & de Suze, & c'est de là que nous retirons la plus grande partie du bois nécessaire à notre consommation. Il n'a encore été fait aucune réparation sur cette route, & elle en exigeroit de très-promptes. La partie, sur-tout, qui suit immédiatement la descente du pont de la riviere d'Egues, & celle qui aboutit au quartier de Saumelongue présentent des fondrieres capables d'effrayer les voituriers les plus intrépides.

L'apperçu que nous a remis le sieur Roland, Inspecteur de vos chemins fait monter la dépense pour ces deux objets par approximation, à la somme de . 1060 liv.
& celle de toute la route à . . . 3650 liv.

CHEMIN DE CADEROUSSE.

LE quatrieme chemin compris dans la seconde classe c'est, Messieurs, celui de Caderousse. Cette Ville située sur le bord du Rhône a un port commode qui ouvre la communication de la Principauté avec le Languedoc, & établit entre cette Province & nous un commerce intéressant.

Un autre motif plus important encore sollicite l'attention de l'Administration. C'est par le Rhône & Caderousse que

E

nous viennent les bleds néceſſaires à notre conſommation, le charbon des forges, les bois de charpente, & enfin l'approviſionnement de ſel.

Cependant ce chemin eſt impraticable pendant tout l'hiver. Malheureuſement, la partie la plus délabrée ſe trouve ſur le territoire de Caderouſſe, & la Communauté de cette Ville ne paroît pas aſſez touchée des motifs qui devroient l'engager à la réparer. Cette raiſon a empêché juſqu'à ce moment l'Adminiſtration de porter ſes ſoins ſur cette route, malgré ſon importance. La crainte de faire une réparation dont il ſeroit impoſſible de retirer aucun fruit, tant que la portion qui eſt ſur le territoire de Caderouſſe ne ſeroit pas réparée, a ſuſpendu l'exécution des projets de la Principauté, relativement à cet objet. L'apperçu de la dépenſe qu'occaſionneroit la réparation qui concerne la Principauté ne s'éleveroit pas au-deſſus de. 3073 liv.

Il ſeroit à deſirer que l'Adminiſtration pût parvenir à porter la Communauté de Caderouſſe à s'occuper des réparations qui la concernent, & alors la Principauté ne pourroit apporter trop de zele & d'empreſſement pour faire celles qui ſont néceſſaires ſur le territoire d'Orange.

Voilà, Meſſieurs, un apperçu de la ſituation des chemins compris dans la ſeconde claſſe. Vous comprenez, ſans doute, combien il ſeroit important de s'occuper de toutes les réparations dont ils auroient beſoin, pour ne plus exiger à l'avenir que celles d'un entretien ordinaire. Ces chemins étant moins fréquentés que la grande route, & ne préſentant qu'une largeur médiocre, un pouce cube de gravier par toiſe courante ſuffiroit pour leur entretien, & les Cantonniers employés ſur la grande route, pourroient à certaines époques où elle exige, de leur part, un moindre travail, être portés sur ces différens chemins, & les entretenir habituellement dans l'état de perfection qu'ils auroient une fois reçu.

CHEMINS VICINAUX.

IL nous reste à vous dire un mot des chemins vicinaux de la Principauté. Vous savez qu'ils sont en très-grand nombre, & en général en mauvais état : ils ne sont pas tous de la même importance ; mais ils ont chacun leur utilité essentielle au Commerce intérieur de la Principauté.

L'état de situation de la Comptabilité ne permet pas de se flatter de parvenir à pouvoir immédiatement faire toutes les réparations qu'ils exigeroient. Le temps seul, joint à l'esprit d'ordre & d'économie, peut procurer ce grand avantage. Les impositions des années précédentes présentent une somme de 1000 livres chaque année à employer pour cet objet. Cette somme est certainement infiniment au-dessous des besoins. Mais on ne doit pas espérer qu'il soit possible d'en assigner une plus forte, pendant ces premieres années. Elle peut cependant être utilement employée, & sur ce point on ne sçauroit trop exhorter MM. les Maire & Consuls des différentes Communautés de redoubler de zele & de soin, pour qu'il ne soit proposé que les réparations les plus privilégiées, & pour que l'intérêt particulier, cet ennemi du bien général, ne préside jamais à leurs délibérations.

ENTRETIEN DES BORDS DES RIVIERES.

LA seconde partie des ouvrages publics confiés à notre Administration, c'est, Messieurs, l'entretien des bords des rivieres.

La Principauté est coupée du Nord-Est au Couchant par le torrent d'Egues, sur une longueur de plus de 5000 toises, & par celui de l'Ouveze, du Nord au Sud-Ouest, sur un espace de plus de 9000 toises.

La riviere d'Egues traverse le territoire d'Orange; celle de l'Ouveze, ceux de St. André, Gigondas, Violès, Malijai, Caufans, Joncquieres, Beauregard, Courthezon & Verclos.

Si le voisinage de ces deux torrens procure à la Principauté de précieux avantages, il lui fait également éprouver de grands maux. Nous n'avons pas besoin de vous les rappeller ici; les choses parlent assez d'elles-mêmes, & l'espace immense, que ces torrens, si médiocres dans leur état ordinaire, occupent en largeur, sur presque tous les points de leur cours, annonce assez les ravages de leurs inondations passées, & ceux qui sont encore à craindre, si nous ne portons tous nos soins à mettre nos propriétés à l'abri de leur fureur.

BORDS D'EGUES.

NOs ancêtres, Messieurs, semblent avoir été bien pénétrés de cet objet important; les travaux immenses qu'ils avoient commencé, & dont nous voyons encore, aux bords de la riviere d'Egues, du côté de la ville d'Orange, des restes si précieux, sont un témoignage bien touchant & de leur zele & des grands sacrifices qu'ils n'ont pas craint de faire, pour conserver à leurs enfans l'héritage de leurs peres.

Malheureusement, ceux-ci moins vigilans, ou peut-être moins heureux, n'ont pas imité de si beaux exemples, & n'ont pas donné à cette entreprise cet esprit de suite qui, seul, pouvoit en assurer le succès. Une partie des murs & des chauffées a été entraînée par les eaux, de sorte que nos propriétés se trouvent sans défenses en une multitude de points. Ceux sur-tout qui sont au-dessus du pont, doivent inspirer la plus grande frayeur. Le sol de la riviere se trouve, dans ces endroits, infiniment plus élevé que celui de la Ville, & semble la menacer des plus grands désastres, si les inondations, qui ne s'effaceront jamais de notre mémoire, se renouvelloient encore.

Les bords de la riviere du côté du Nord paroissent avoir été encore plus négligés.

Vous le sentez, Messieurs, les réparations à faire, pour tant d'objets importans, exigeroient des dépenses immenses. Les devis que la ville d'Orange avoit anciennement fait dresser, les portoient à plus de 200000 liv. Une dépense aussi au-dessus de nos forces, ne peut pas être seulement projetée dans les circonstances où nous nous trouvons : mais il en est de plus proportionnées à nos moyens que nous serions inexcusables de négliger.

Il a été dressé des devis des différens points qui sollicitent des réparations plus promptes; l'Administration pourroit s'occuper de les mettre successivement en exécution, en attendant que des momens plus heureux pussent permettre de s'appliquer à des réparations plus coûteuses.

Le point essentiel, c'est de porter à cet objet un esprit de suite. Les vues des Administrateurs d'un Pays doivent s'étendre plus loin que celles d'un Particulier. Ils doivent réunir, dans un seul apperçu, les intérêts des Citoyens présens & à venir, & porter leur vigilance sur tout ce qui peut assurer la prospérité des uns & des autres.

Du reste, Messieurs, l'Administration assigna sur les impositions de 1786, une somme de 1200 liv., pour l'entretien des bords de la riviere d'Egues, & 400 liv. seulement sur chacune des années 1787 & 1788. La plus grande partie de ces sommes réunies, a été employée à des réparations urgentes qu'ont exigé les inondations dont nous avons été menacés pendant ces années. Ces réparations ont été fidellement exécutées, & ont produit l'effet que l'on s'étoit proposé. Il est indispensable de continuer d'assigner un fonds annuel, pour cet objet, sans préjudice des sommes extraordinaires que l'on pourra proposer, dès que les circonstances le permettront, pour procéder avec méthode & avec suite à des réparations plus importantes.

BORDS DE L'OUVESE.

Les bords de la riviere d'Ouveze exigent en général les mêmes réparations que ceux de la riviere d'Egues ; on peut même dire qu'ils ont été encore plus négligés, dans les points qui correspondent aux territoires de Gigondas, Violès, Joncquieres & Courthezon. Il a été assigné, sur les différentes impositions, la somme de trois mille livres, divisée d'une maniere proportionnée aux besoins respectifs de chacune de ces Communautés. Cette somme a été en partie employée, & le reſtant trouvera certainement une deſtination utile.

Mais parmi les différentes réparations qu'exigeroient les bords de ce torrent, celles que réclamoit la Communauté de Violès, mériterent ſur-tout l'attention de l'Aſſemblée de 1786.

Cette Communauté ſe trouvoit, dans ce moment, expoſée aux plus grands dangers ; les eaux avoient pris leur direction ſur ſon territoire, & faiſoient diſparoître chaque jour des propriétés infiniment précieuſes.

D'une autre part elle ſe trouve engagée par d'anciennes tranſactions paſſées avec les Communautés de Joncquieres, Courthezon & quelques fiefs qui l'avoiſinent du côté du midi, à les garantir des jonctions des eaux.

On ignore quel a pu être l'eſprit de juſtice qui a dirigé ces tranſactions, & il ſembleroit preſqu'au premier coup d'œil, que le plus fort a impoſé la loi au plus foible.

Quoi qu'il en ſoit, heureuſement pour la Communauté de Violès, les intérêts particuliers des Communautés doivent aujourd'hui diſparoître ; la Principauté ne doit plus ſe regarder que comme une ſeule famille qui n'a qu'un ſeul intérêt, celui de tous.

Ce motif touchant ne permit pas à l'Aſſemblée de 1785 d'héſiter un moment pour venir au ſecours de la Communauté de Violès, & quoique ſa contribution aux charges ne s'éleve pas annuellement au-deſſus de 1600 liv. il fut aſſigné, ſur les impoſitions de 1786, une ſomme de 3000 liv. jugée indiſpenſablement néceſſaire pour la conſtruction d'une digue à oppoſer à la rapidité de la riviere. Le devis de cette réparation fut dreſſé par le fieur Reboul de Courthezon, & l'ouvrage a été fidellement exécuté.

Il reſtoit cependant encore quelque choſe à remplir, pour perfectionner cet ouvrage, & il avoit été aſſigné, pour cet objet, une ſomme de 600 liv., ſur les impoſitions de 1788. Le devis en étoit dreſſé & l'adjudication donnée, lorſque la ſaiſon a obligé de ſuſpendre le travail; cette ſomme étant du nombre de celles qu'on ſera obligé, en ſe conformant aux ordres du Roi, de retrancher ſur l'état de 1788, il ſera indiſpenſable de la porter ſur celle de 1789, ci. 600 0 0

Voici donc, Meſſieurs, le réſultat du compte que nous avons l'honneur de vous rendre, & l'état des ſommes qu'il eſt indiſpenſable de porter ſur les impoſitions de 1789 que vous allez dreſſer.

Il doit être porté, pour le reſte du prix des travaux exécutés ou donnés en adjudication, pour la perfection de la grande route 3684 9 6

Pour la conſtruction du pont de Plumail. 700 0 0

Pour les gages des 4 Cantonniers en 1789. . . . . . 1296 0 0

Pour la recharge en gravier néceſſaire à l'entretien de la route d'Orange à Bédarides, & pour les autres réparations imprévues. . 2400 0 0

Pour les dettes exigibles, réclamées après l'Aſſemblé de 1785, & que l'on ſera obligé, en ſe conformant aux ordres du Roi, de retrancher des états dreſſés par les Aſſem-

blées

de la Principauté d'Orange.

De l'autre part.	8080	9	6
blées précédentes.	3210	0	0
Pour droit de fervitude acquis par la Communauté de Courthezon fur le fief de Verclos, dont le montant eft également retranché des états précédens .	300	0	0
Pour la perfection du chemin de Camaret	1000	0	0
Pour les réparations les plus preffantes, fur celui de Serignan.	1060	0	0
Pour l'entretien annuel des chemins vicinaux	1000	0	0
Pour l'entretien annuel des bords des rivieres.	1000	0	0
Pour achever la digue de Violès, dont le montant a été également retranché fur les anciens états.	600	0	0
Total.	16250 liv.	9 f.	6 d.
Les charges fixes & annuelles de l'année 1789 reviennent à	20690	0	0
Ces deux fommes réunies forment le total de.	36940 liv.	9 f.	6 d.
Il eft encore néceffaire d'affigner fur les Impofitions de 1789, une fomme de 4000 liv., pour continuer le remboursement de nos anciennes dettes	4000	0	0

Total des fommes à porter fur

F

lesdites impositions, en se con-
formant aux ordres de Sa Majesté.   40940   9   6

Cette somme déduite de celle
de 47000 liv. montant de impositions de 1789, il ne reste que
la somme de . . . . . 6059 liv. 10 s. 6 d.
dont vous avez à assigner l'emploi ; cette somme, MM.,
vous paroîtra certainement insuffisante, si vous faites attention à la demande que forment les Administrateurs du
College d'Orange, & dont la justice & l'utilité sont si
bien démontrées par leur mémoire.

A celles que peuvent être obligés de faire les députés
des différentes Communautés.

Et enfin, aux dépenses qu'occasionneront infailliblement
à la Principauté, les circonstances intéressantes dans lesquelles elle se trouve.

AFFAIRES IMPORTANTES.

IL nous resteroit, Messieurs, pour terminer le compte
que nous avons l'honneur de vous rendre, à mettre, sous
vos yeux, les affaires importantes dont nous nous sommes
occupés pendant le cours de notre Administration ; mais
la plupart de ces affaires sont entiérement terminées,
les autres ont déja été présentées dans le rapport que
nous avons eu l'honneur de faire aux précédentes Assemblées, & elles demanderoient peut-être, de notre part,
des détails dans lesquels les bornes que nous devons nous
prescrire, ne nous permettroient pas d'entrer. D'ailleurs
les mémoires dressés par M. Bayle, conseil de l'Administration, que nous joignons ici, vous instruiront bien

de la Principauté d'Orange. 43

mieux que nous ne pourrions le faire nous-même. Ceux qui doivent mériter de votre part le plus d'attention, sont :

1°. Celui relatif au droit de franc-fief que l'on demande aux sujets de la Principauté, non-seulement pour les fiefs possédés par les non-nobles : mais même à tous ceux qui possedent des propriétés relevant du fief franc de Sa Majesté.

2°. Celui qui concerne les droits extraordinaires exigés des fabricans en laine, auxquels on fait payer, pour l'entrée des laines du Languedoc dans la Principauté, des droits ci-devant inusités qui les mettent dans l'impossibilité de soutenir la concurrence avec les Fabricans du Dauphiné & du reste du Royaume, & qui tendent nécessairement à faire disparoître, de la Principauté, cette branche de commerce infiniment intéressante.

3°. Celui qui a rapport aux droits de lods demandés par les Administrateurs des domaines, aux Habitans d'Orange, pour les portions de terre dépendantes des bastions de la Ville, qui leur ont été cédées par la Communauté, quoiqu'il ne puisse y avoir, dans ces différentes cessions, aucune translation de propriété, puisque la ville d'Orange ne tient elle-même du Roi ces terreins, qu'à titre d'arrentement.

Et enfin celui sur le droit d'indemnité demandé aux Main-mortables de la Principauté.

Tous ces mémoires, Messieurs, rédigés avec clarté & précision, sont joints aux autres pieces relatives à ces différentes affaires, & font partie des papiers appartenans à l'Administration, dont nous avons dressé un inventaire raisonné qui doit vous être remis.

F ij

Mais l'affaire la plus intéreſſante pour notre Patrie, & dont nous avons été preſque uniquement occupés pendant la derniere année de notre Adminiſtration, c'eſt celle dont l'objet étoit d'aſſurer à la Principauté une conſtitution particuliere, ſéparée & indépendante de celle de toute autre Province, & d'obtenir, ainſi que les autres Pays nouvellement réunis au Royaume, la permiſſion d'envoyer nos Députés particuliers aux Etats généraux. Les motifs de l'une & de l'autre de ces demandes, ſont contenus dans les excellens mémoires que M. Bayle a rédigé, & que nous prîmes la liberté d'adreſſer dans ſon temps à l'Aſſemblée des Notables, aux Miniſtres de Sa Majeſté, à M. le Marquis de Cauſans, & à M. de Rouſſieres qui ont bien voulu en ſolliciter l'effet.

Ce n'eſt point à nous, Meſſieurs, à vous annoncer quel a été le ſuccès des démarches de la Principauté; il n'appartient qu'à M. le Marquis de Cauſans qui préſide ſi dignement cette Aſſemblée, de jouir de cette douce ſatisfaction; elle eſt due au zele vraiment patriotique dont il vient de nous donner des témoignages ſi ſenſibles & qui doivent lui aſſurer, pour toujours, la reconnoiſſance publique.

Pour nous, Meſſieurs, nous avons le droit d'être les premiers parmi nos Concitoyens à lui en offrir l'hommage, & nous regardons cet avantage comme une des plus douces récompenſes qui puiſſe être attachée à notre entier dévouement au bonheur de la Patrie.

Monſieur le Préſident a témoigné à ces Meſſieurs toute la ſatisfaction que l'Aſſemblée venoit d'éprouver, à la lecture du compte rendu par M. l'Abbé de Guillomont, & ces Meſſieurs s'étant retirés :

de la Principauté d'Orange.

L'Assemblée considérant que le compte rendu par MM. de la Commission intermédiaire, fait connoître les changemens avantageux que la Principauté a éprouvé depuis l'année 1785 jusqu'à aujourdhui, & que par l'ordre & la clarté qui regnent dans ce travail, il doit servir de base à toutes les opérations ultérieures de l'Administration.

A unanimement délibéré de consigner dans ses regiftres les expressions publiques de la reconnoissance qu'elle conservera du zele & du succès avec lesquels la Commission a travaillé constamment au bien du Pays.

M. le Président a observé qu'il seroit utile de nommer, sous le bon plaisir du Roi, un Procureur-géneral-Syndic, pour examiner tous les Mémoires qui pourront intéresser la Principauté, & en faire le rapport à l'Assemblée, ainsi qu'à la Commission intermédiaire, qu'elle doit établir avant sa séparation, & que pour ne pas augmenter les charges de la Principauté, le traitement qui avoit été fixé au Conseil, seroit attribué audit Procureur-général-Syndic.

Sur quoi l'Assemblée ayant délibéré & trouvé que cette nomination seroit de la plus grande importance pour l'expédition des affaires, M. Bayle a été unanimement nommé, sous le bon plaisir de Sa Majesté, Procureur-général-Syndic, pour en faire les fonctions, aux charges & honoraires ci-dessus mentionnés.

M. le Président a député MM. de Redonnet, Bayle, Reboul & Falque auprès de M. le Commissaire du Roi, pour le complimenter de la part de l'Assemblée.

M. le Président a renvoyé la séance à demain neuf heures du matin, & a signé avec le Secretaire-Greffier.

Signé, Le Marquis DE CAUSANS.

PAILLIET, *Secretaire-Greffier.*

Du dix-sept Février mil sept cent quatre-vingt-neuf à neuf heures du matin.

M. de Blocard a prononcé un discours à l'Assemblée, par lequel il a exprimé le vœu de son ordre & les sentimens dont il est lui-même pénétré sur le bien qu'a procuré au Pays l'Administration actuelle depuis 1785.

M. le Président a dit qu'il croyoit que le premier travail dont l'Assemblée devoit s'occuper, étoit l'audition des comptes du produit des impositions de l'année 1786, & de justifier de l'emploi qui en a été fait, en conformité de l'article VIII de l'Arrêt du Conseil du 13 Avril 1785.

Qu'il étoit disposé par l'article du même Arrêt, que le compte des impositions seroit remis à M. le Président, pour être ensuite transmis au Député du Chapitre, à celui des Seigneurs Vassaux, & au Maire de la ville d'Orange conjointement, huit jours au moins avant l'Assemblée générale; que ces préalables n'avoient pu être remplis à cause des circonstances qui avoient empêché la tenue de l'Assemblée dans le temps ordinaire, du peu d'intervalle qu'il y avoit eu entre la connoissance des ordres du Roi donnée pour la convocation de cette Assemblée, & du jour auquel son ouverture avoit été fixée.

Que pour rentrer autant qu'il étoit possible dans la disposition de l'article XVII de l'Arrêt, il pensoit qu'il étoit nécessaire de députer trois Commissaires pour examiner le compte du Receveur particulier des impositions de 1786, & en faire rapport à l'Assemblée.

Vû les articles VIII & XVII dudit Arrêt du Conseil.

L'Assemblée a arrêté de députer trois Commissaires

de la Principauté d'Orange.

pour procéder immédiatement à l'examen des comptes des impofitions de 1786, & en faire le rapport.

Et en conféquence M. le Préfident a nommé pour Commiffaires MM. l'Abbé de Poulle, de Blocard, de Redonnet, Morel & Reboul.

Meffieurs les Députés auprès de M. le Commiffaire du Roi ont dit qu'ils s'étoient acquittés de la commiffion de l'Affemblée, & que M. le Commiffaire du Roi les a priés de témoigner à l'Affemblée toute fa fenfibilité.

M. le Préfident a renvoyé la féance à demain dix heures du matin, & a figné avec le Secretaire-Greffier.

Signé, Le Marquis DE CAUSANS.

PAILLIET, *Secretaire-Greffier.*

Du dix-huit Février mil fept cent quatre-vingt-neuf à dix heures du matin.

M. le Préfident a remis au Secretaire-Greffier, pour en faire lecture, une lettre qu'il a reçue de M. l'Evêque, par laquelle ce Prélat lui témoigne combien il a été fenfible aux vœux de l'Affemblée qui lui avoient été portés par fa députation.

Meffieurs les Commiffaires nommés pour l'examen des comptes du Receveur particulier des impofitions de 1786, ayant dit qu'ils n'avoient pu encore terminer leur travail, leur rapport a été renvoyé à la prochaine féance.

M. le Préfident a expofé qu'il étoit inftruit que le vœu du Public étoit d'obtenir la connoiffance des opérations de l'Affemblée des Etats, qu'il penfoit qu'il n'y avoit aucun membre de l'Affemblée qui ne formât le même vœu, tant pour la fatisfaction du Public, que pour la fienne propre;

que d'ailleurs cette publicité ne pouvoit produire que les effets les plus avantageux par un plus grand concours de lumieres, & qu'il foumettoit cet objet à la délibération de l'Affemblée.

L'Affemblée confidérant l'importance des motifs qui viennent de lui être expofés, confidérant encore qu'en rendant public, par la voie de l'impreffion, le Procès-Verbal de fes féances, elle donnera toutes les connoiffances qu'on peut defirer fur les opérations de l'Adminiftration depuis 1785, d'autant que le compte rendu par M. l'Abbé de Guillomont eft tranfcrit dans fon Procès-Verbal. A arrêté de faire imprimer le Procès-Verbal de fes féances, & MM. l'Abbé de Poulle, de Redonnet & Taulemeffe ont été nommés pour traiter avec l'Imprimeur de cette Ville.

M. le Préfident a renvoyé la féance à demain neuf heures du matin, & a figné avec le Secretaire-Greffier.

Signé, Le Marquis DE CAUSANS.

PAILLIET, *Secretaire-Greffier.*

Du dix-neuf Février mil fept cent quatre-vingt-neuf à neuf heures du matin.

M. le Préfident a dit que Meffieurs les Commiffaires nommés par la délibération du 17 de ce mois pour l'examen des comptes des impofitions de 1786, s'étoient occupés de ce travail, & qu'ils pouvoient faire immédiatement leur rapport à l'Affemblée.

Arrêté que MM. les Commiffaires feroient leur rapport, & en conféquence, M. l'Abbé de Poulle a dit qu'il réfultoit de leur examen, & de la vérification qu'ils avoient faite,

tant

de la Principauté d'Orange.

tant des comptes, que des pieces juftificatives, que la recette des impofitions de 1786 fe portoit à ci. 47000 0 0
Que le reliquat des comptes de l'année précédente, fe portoit à ci. 9216 0 9 $\frac{1}{2}$

Total. . . . . 56216 0 9 $\frac{1}{2}$

Que la dépenfe s'élevoit à ci. . 53238 14 9
Inférieure à la recette de ci. . 2977 6 0 $\frac{1}{2}$
dont le Receveur avoit été déclaré réliquataire.

Que l'inégalité de la recette à la dépenfe avoit eu pour caufe le retardement du paiement de divers objets de dépenfe affignés par l'article 4 de l'Arrêt du Confeil du 7 Décembre 1786, fur les impofitions de la même année.

Que ces articles étant la plupart très-intéreffans, ils en avoient dreffé un état, ainfi que des fonds affignés pour leurs paiemens, afin d'être portés en recette dans les comptes de 1787.

Après quoi les comptes de l'année 1786 ont été remis fur le Bureau, ainfi que les pieces juftificatives; & lefdits comptes & pieces ayant été de nouveau examinés & vérifiés par l'Affemblée, il a été délibéré d'arrêter, (l'Affemblée tenant) les divers chapitres de recette & de dépenfe defdits comptes. Ce qui ayant été exécuté de fuite, il s'eft trouvé que les réfultats dudit examen & de la clôture des comptes, étoient les-mêmes que ceux qui avoient été préfentés par MM. les Commiffaires.

M. le Préfident a rapporté à l'Affemblée, qu'il eft porté par l'article des inftructions adreffées à M. le Commiffaire du Roi, qu'afin de donner à l'Affemblée de la

Principauté, un délai suffisant pour mettre en regle sa Comptabilité, ainsi que l'a demandé l'Assemblée du mois de Septembre 1787. Par la délibération qu'elle a prise sur cet objet; l'intention de Sa Majesté est que la remise des impositions de 1789, soit accordée sur la représentation d'un état vérifié par M. l'Intendant, & appuyé des pieces nécessaires qui justifient que les impositions de l'année 1786, y compris le reliquat de celles de 1785, ont été exactement employées, suivant les distributions ordonnées par l'article 4 de l'Arrêt du Conseil, du 7 Décembre 1786.

Sur quoi l'Assemblée considérant combien cette modification à l'article 8 de l'Arrêt de 1785, est favorable à la Comptabilité.

A délibéré d'en remercier très-humblement Sa Majesté, & que cet article des instructions seroit exécuté selon sa forme & teneur.

M. le Président a dit que le sieur Volan adjudicataire des travaux pour la construction de la route d'Orange à Joncquieres, par le travers de la Garrigue, demandoit qu'en exécution de l'article 6 du devis désignatif desdits ouvrages, il fût procédé à la vérification de l'état de ses travaux, pour savoir si l'adjudicataire avoit fourni les huit pouces cailloutis qui devoient être placés sur trois toises de largeur entre les accotemens.

Sur quoi MM. Reboul & Vaton ont été nommés Commissaires pour procéder à ladite vérification & en faire rapport à l'Assemblée.

M. le Président a rappellé à l'Assemblée que les instructions de M. le Commissaire du Roi relatives à la Comptabilité, devant avoir un effet rétroactif, l'Assemblée se trouveroit dans la nécessité de changer divers articles des dépenses proposées à Sa Majesté sur les fonds des impositions de 1787 & 1788, afin de concilier le desir de l'Assemblée de se conformer aux ordres du Roi, & de pourvoir aux besoins de la Principauté.

L'assemblée a arrêté qu'il seroit nommé des Commissaires pour dresser les états de 1787 & 1788, & les mettre sous les yeux de l'Assemblée, avec la proposition des moyens les plus propres à concilier l'exécution des ordres du Roi, avec les besoins de la Principauté.

Et en conséquence M. le Président a nommé pour Commissaire MM. l'Abbé de Poulle, de Blocard, de Redonnet, Morel & Falque.

M. le Président a renvoyé la séance à demain neuf heures du matin, & a signé avec le Secretaire-Greffier.

Signé, Le Marquis DE CAUSANS.

PAILLIET, *Secretaire-Greffier.*

Du vingt Février mil sept cent quatre-vingt-neuf, à neuf heures du matin.

M. le Président a dit que MM. Reboul & Vaton étoient prêts à faire le rapport de la vérification des travaux exécutés sur la route d'Orange à Joncquieres, dont ils avoient été chargés la veille.

Ouï ledit rapport.

L'Assemblée a délibéré que l'adjudicataire seroit prévenu de se conformer au devis désignatif des ouvrages pour la construction de ladite route, & de remplir les engagemens qu'il a pris lors de l'adjudication qui lui a été passée; qu'il seroit procédé dans la huitaine, à une nouvelle vérification de l'état desdits ouvrages.

L'assemblée ayant ouï la lecture du marché fait par MM. les Commissaires avec l'Imprimeur des Etats, pour l'impression du Procès-verbal de ses séances, a approuvé ledit marché & a délibéré que la soumission de l'Imprimeur sera remise dans les archives.

M. le Président a renvoyé la séance à demain neuf heures du matin, & a signé avec le Secretaire-Greffier.

Signé, Le Marquis DE CAUSANS.

PAILLIET, *Secretaire-Greffier.*

Du vingt-un Février mil sept cent quatre-vingt-neuf, à neuf heures du matin.

M. le Président a dit que MM. les Commissaires étoient prêts à rendre compte du travail dont ils avoient été chargés par la délibération du 19 précédent.

M. l'Abbé de Poulle, l'un des Commissaires a dit :

„ Messieurs, vous nous avez chargés, par votre délibération du 19 précédent, de mettre sous vos yeux les états de situation de 1787 & 1788, ainsi que les moyens que nous croirions les plus propres à concilier avec les besoins du Pays, l'exécution des ordres de Sa Majesté.

Nous nous sommes occupés avec zele de ce travail, & nous le soumettons à votre sagesse.

Nous commencerons par mettre sous vos yeux les états de 1787 & 1788, dressés d'après les propositions des Assemblées de 1786 & 1787.

Nous avons dressé pareillement un état de situation de ces deux années, en nous conformant strictement aux instructions.

Nous remettons ces deux pieces sur le bureau, &

de la Principauté d'Orange. 53

vous verrez, Meffieurs, par leur examen, qu'en vous conformant rigoureufement aux intentions de Sa Majefté, vous ferez obligés de retrancher fur l'état des fonds de 1787, plufieurs objets qui ont déja été exécutés & payés, & qui fe portent à la fomme de 4231 livres.

Vous verrez que fur l'état de 1788 vous ferez obligés, de faire des déplacemens encore plus confidérables, & qui s'éleveroient à une fomme de 6181 liv.; que ces derniers objets font tous, ainfi que les premiers, dans le cas de ne pouvoir être retranchés, foit parce qu'ils font terminés, foit parce qu'ils font la fuite d'ouvrages déja commencés, & de la plus grande importance, & qu'ainfi vous auriez néceffairement à porter ces deux fommes réunies montant à 10412 livres fur les fonds de 1789.

Nous joignons encore ici, Meffieurs, l'apperçu des autres dépenfes qu'il ne feroit pas moins néceffaire d'affigner fur les mêmes fonds de 1789; & tous ces objets réunis excedent d'une fomme confidérable les fonds dont nous avons à propofer l'emploi à Sa Majefté.

Il nous paroît donc impoffible, Meffieurs, que vous ne fuppliiez très-humblement le Roi d'apporter quelques modifications aux difpofitions de fes ordres.

Nous nous fommes occupés de la recherche des moyens qui pourroient concilier le defir que nous devons avoir de nous y conformer avec ce qu'exige l'intérêt de la Principauté.

Nous croyons que vous devez fupplier Sa Majefté de permettre que les 6069 liv. 13 f. 6 d. deftinées par l'Arrêt du Confeil, du 7 Décembre 1786, au remboursement des dettes de la Principauté, fur les impofitions de l'année

1786 faſſent partie du remboursement de la dette du ſieur Dupin comme une dette des plus onéreuſes à la Principauté.

Ce ſeul article obtenu des bontés de Sa Majeſté, nous croyons que l'Aſſemblée ſe trouvera dans la poſſibilité de ſatisfaire ſtrictement à tout ce qui eſt exigé par les inſtructions de M. le Commiſſaire du Roi, tant pour le remboursement qu'elles aſſignent ſur les années 1787, 1788 & 1789, que pour l'entier paiement de la créance du ſieur Dupin, en principal & intérêt.

Nous mettons ſous vos yeux, Meſſieurs, un état de ſituation de 1787 & 1788, ainſi qu'un état des fonds qui reſtent à employer ſur 1789, d'après la propoſition que nous venons d'avoir l'honneur de vous faire, & que nous ſoumettons à la ſageſſe de vos délibérations.

Sur quoi l'Aſſemblée, après avoir pris connoiſſance des différens états de ſituation mis ſur le bureau ;

Conſidérant que les objets de dépenſe qui ont été propoſés par l'Aſſemblée, ſur les fonds de 1787, ſont déja exécutés & payés ; que ceux qui ont été propoſés ſur les fonds de 1788 ſont relatifs à des ouvrages commencés, & qui ne peuvent ſouffrir de retardement ; que ces diverſes dépenſes devoient alors être portées néceſſairement ſur les fonds de 1789 ; que quelque économie que l'Aſſemblée pût mettre dans la propoſition des autres dépenſes à affecter ſur les mêmes fonds de 1789, leſdits fonds ſe trouveroient plus qu'abſorbés ; & après l'examen fait du plan propoſé par Meſſieurs les Commiſſaires.

L'Aſſemblée a délibéré & arrêté de ſupplier très-humblement Sa Majeſté de vouloir bien conſentir à ce que les 6069 liv. 13 ſ. 6 den. deſtinés par l'Arrêt de ſon

de la Principauté d'Orange.

Conseil du 7 Décembre 1786 au remboursement des dettes de la Principauté, sur les impositions de la même année restent employées à partie du remboursement de la dette du sieur Dupin; & l'Assemblée espere d'autant plus cette grace des bontés de Sa Majesté qu'elle se trouveroit par là dans la possibilité, en se restraignant aux objets de dépenses les plus indispensables pour 1789, & en sacrifiant les autres objets dont il lui eût été bien important de pouvoir s'occuper, de se conformer strictement au surplus des dispositions contenues dans les instructions de M. le Commissaire du Roi, & enfin l'Assemblée a délibéré que les états dressés par Messieurs les Commissaires seroient joints ici sous n°. 2, 3, 4 & 5.

L'Assemblée s'étant occupée de suite à faire le choix des objets dont elle doit proposer la dépense à Sa Majesté sur les fonds de 1789 se portant à 47000 liv., elle en a arrêté l'état ainsi qu'il suit.

Dépenses générales fixes.

1°. Intérêt des rentes constituées ci. . . . . 11111 liv. 13 f. 11 d.

2°. Ancien traitement au Collège. ci. 1353   3   4

3°. Gratifications au même accordées en 1786 & 1787. ci. . . 954   0   0

4°. Gratifications aux Maîtres de Postes. ci. 900   0   0

5°. Logement du Commissaire des Guerres. ci. 400   0   0

6°. Repurgement des Maires publiques. ci. 248   0   0

De l'autre part. 14966 7 3

7°. Supplément aux octrois de Courthezon & de Violès. ci. . . 4063 10 4

8°. Secrétaire-Greffier. ci. . . 400 0 0

9°. Honoraires du Procureur-Général-Syndic. ci. 500 0 0

10°. Honoraires des Députés à l'Assemblée ci. 480 0 0

11°. Fraix du Bureau ordinaires. ci. 400 0 0

12°. Fraix d'impressions. ci. . . 360 0 0

Revenans toutes lesdites sommes à celle totale de . . . 21110 liv. 7 s. 7 d.

Au moyen de quoi il ne reste de la somme de 47000 liv. que celle de 25889 liv. 13 s. 5 den. dont l'Assemblée supplie très-humblement Sa Majesté de permettre que l'emploi en soit affecté à l'acquittement des dépenses générales non fixes, comme suit.

Dépenses générales non fixes.

1°. Gages & gratifications de quatre Cantonniers à 27 liv. chacun par mois. ci. . 1296 0 0

L'utilité de cet établissement est généralement connu.

2°. A l'Inspecteur des Cantonniers chargés des devis & de l'examen de tous les ouvrages publics. ci. 360 0 0

Jusqu'ici cette partie de l'entretien de la nouvelle route avoit été confiée au sieur Roland qui étoit

payé

de la Principauté d'Orange. 57

Ci-contre. 1656 0 0
payé par la Province du Dauphiné.

Cet article étant à préfent à la charge de la Principauté, on a fait choix d'une perfonne du Pays, qui a réduit fon traitement.

3°. Recharge en gravier fur la route d'Orange à Bedarrides, & autres réparations & adjudications données pour la même route. ci. 4530 4 1½

Cette dépenfe tend à la confervation de la route & à l'utilité du commerce.

4°. Pour le pont du fieur Plumail fur la grande route, fuivant le devis. ci. 700 0 0

Ce pont eft trop étroit ; il y a néceffité de le reconftruire pour la fûreté du Public.

5°. Pour la réparation du pavé des rues de la ville d'Orange qui a été dégradé par le paffage des voitures, dans le temps des travaux de la grande route. ci. 700 0 0

Cette dépenfe étoit portée fur les fonds de 1788, & on a été obligé de l'en retirer pour fe conformer aux ordres de S. M. Les motifs qui avoient déterminé l'Affemblée de 1787, à propofer cette dépenfe fur les fonds de 1788 fubfiftant toujours, juftifient la demande de l'Affemblée de la porter fur les fonds de 1789.

H

De l'autre part.	7586	4	1 ½
6°. Pour les fontaines de la ville d'Orange. ci.	2000	0	0

Cet objet étoit porté sur les fonds de 1788, & a été transporté sur ceux de 1789. Les motifs qui déterminerent la derniere Assemblée à accorder ces fonds à la ville d'Orange, n'acquierent que plus de poids par les dégradations que le temps a apporté à cet objet essentiel pour la Ville.

7°. Pour la réparation du chemin de Camaret. ci.	1200	0	0

Ce chemin ouvre une communication importante entre Orange, Violès, Gigondas, Vaison, & les Baronnies; il étoit impraticable il y a deux ans, on ne put y faire que des légeres réparations l'année derniere, & pour ne pas en perdre le fruit, il faut les continuer, & mettre le chemin en état.

8°. Pour la réparation du chemin de Serignan. ci.	1060	0	0

Ce chemin n'est pas moins important pour la Principauté par la communication qu'il ouvre avec les forêts de Serignan & de Suze. Le devis pour le réparer, se porte en

Ci-contre. . . . . 11846 4 1 ½

total à la somme de 3650 liv. Mais la gêne où se trouve la Principauté, n'a permis à l'Assemblée que d'affecter les fonds nécessaires pour la réparation des points les plus impraticables de cette route.

9°. Pour achever la réparation du chemin de Carpentras, depuis Pecoulette jusqu'à Beauregard. ci. 1200 0 0

Cette route ouvre la communication entre Orange & la Provence par Carpentras, Lille & Cavaillon, elle est la suite du chemin qui vient d'être établi d'Orange à Pecoulette, & il est indispensable de pourvoir à sa perfection.

10°. Réparation des bords d'Egues à Orange, à la hauteur du gavoton. ci. . . 1551 8 3 ½

Si l'on vouloit s'occuper de tous les points de cette riviere qui menacent la Ville & le territoire d'Orange, de la maniere la plus alarmante, il en coûteroit des sommes très-considérables, pour acquérir sur cet objet une sécurité desirable, mais le défaut de moyens force de se restraindre pour le moment à un seul des points le plus important.

De l'autre part. . . . 14597 12 5

11°. Pour continuer les ouvrages commencés sur les bords de la riviere d'Ouveze au territoire de Violès. ci 900 0 0

Cette dépense est absolument nécessaire pour achever la construction d'une digue sur les bords d'Ouveze dans une portion du territoire de Violès où cette riviere menaçoit d'emporter le Village & de se répandre dans le Pays depuis ce point de la Principauté jusqu'aux limites du Comtat, elle est fixée par un devis.

12°. Pour aider à construire une digue sur les bords d'Ouveze au territoire de Gigondas. ci. 450 0 0

Cette digue est absolument nécessaire pour préserver le territoire & conserver sa prise d'eau au moulin de la Communauté de Gigondas. Cette Communauté ne pouvant prendre entiérement cette dépense sur ses revenus patrimoniaux, l'Assemblée a cru devoir venir à son secours pour la somme ci-dessus proposée.

13°. Pour le chemin de Gigondas à Carpentras. ci. . . . 350 0 0

Les fonds que la Communauté de Gigondas doit prendre sur ses

de la Principauté d'Orange.

Ci-contre. 16297 12 5

revenus patrimoniaux pour la reconstruction de la digue dont on a parlé ci-dessus, ne laissant plus à la Communauté les moyens de faire les réparations urgentes qu'exige ce chemin qui est de la plus grande importance pour le commerce, l'Assemblée a délibéré de lui accorder pour secours la somme ci-dessus proposée.

14°. Pour le chemin de Joncquieres à la forêt de St. André. ci. 300 0 0

Ce chemin est de la plus grande importance pour la Communauté de Joncquieres, il lui ouvre une communication avec la forêt de St. André d'où elle tire les bois de chauffage pour son four.

15°. Pour le cimetiere des non-Catholiques à Orange. ci. 800 0 0

La Communauté d'Orange se trouvant dans l'impossibilité, par ses revenus patrimoniaux, de fournir à cette dépense, pour satisfaire à l'édit du Roi du mois de Février 1788. L'Assemblée a été obligée de venir au secours de ladite Communauté, en lui accordant ladite somme.

16°. M. Monet Procureur au Parlement de Dauphiné. ci. 450 0 0

De l'autre part. 17847 12 5

Le sieur Monet Procureur à Grenoble ci-devant chargé des affaires qui intéressoient la Principauté en général, se trouvant créancier de ladite somme, en reste de ses vacations & fournitures & le retard du paiement pouvant donner lieu à une demande en justice, il a été indispensable de l'employer dans cet état pour qu'il fût payé.

17°. Réparation à l'Eglise de Courthezon. ci. 350 0 0

La Communauté de Courthezon se trouvant très-grevée & obligée de faire une réparation à son Eglise, pour prévenir l'écroulement de la voûte, il a paru juste à l'Assemblée de lui accorder au-dessus du supplément à ses octrois & patrimoniaux, la somme ci-dessus proposée.

18°. Pour l'enclodoir de Violès. ci. 192 0 0

Pour le rétablissement de l'écluse construite à la tête du canal qui conduit les eaux d'Ouveze dans le territoire de Violès par le travers de celui de St. André, & pour défendre ce territoire de la répandue des eaux dans le temps des

Ci-contre. 18489 12 5

grandes crues, les fonds de cette Communauté étant abforbés par fa contribution à la réparation de la digue dont il a été parlé plus haut, l'Affemblée a cru devoir venir à fon fecours pour la fufdite fomme, d'après le devis de ladite réparation.

19°. College d'Orange pour reconftructions d'une partie de fes bâtimens. ci. 1500 0 0

Cette dépenfe eft d'une néceffité & d'une utilité évidente, une partie des bâtimens du College menace ruine. Ce n'eft que par des groffes réparations promptement exécutées qu'on peut la prévenir, & mettre en fureté les jours des inftituteurs & ceux des éleves.

Telle eft encore la difpofition des bâtimens qu'on ne peut féparer les lits des penfionnaires, fi on ne divife les grandes piéces en y établiffant des niches fuivant la méthode obfervée dans les écoles militaires & adoptées par le fupérieur du college d'Orange.

La confervation des mœurs des jeunes éleves dépend de l'entiere exécution de ce plan; quant aux moyens de le remplir! le College n'en a aucun, fa dotation fuffifant

De l'autre part. . . . 19.989 12 5

à peine à l'entretien des instituteurs, il est impossible de trouver de ressources dans ces économies.

Ce n'est donc que par les secours du Pays qu'il peut être pourvu à des réparations si nécessaires, si instantes & si utiles.

Ce n'est que par ces secours que la Principauté peut conserver un établissement dans lequel les instituteurs travaillent avec le plus grand succès & avec un zele qu'on ne sauroit trop louer, à former des sujets utiles à l'Eglise & à l'Etat, & qui réunit à ces premiers avantages celui de procurer une plus grande circulation dans le Pays.

Tels sont les motifs qui ont déterminé l'Assemblée à proposer au Roi l'emploi de ladite somme de quinze cent livres aux besoins du College d'Orange, & qui lui font espérer avec confiance que Sa Majesté voudra bien l'autoriser.

20°. Au remboursement des anciennes dettes de la Principauté en conformité des nouvelles instructions de M. le Commissaire du Roi. ci. . 4000 0 0

21°. Pour l'entretien des bords des rivieres. ci. 1000 0 0

22°. Pour l'entretien des chemins vicinaux.

de la Principauté d'Orange.

Ci-contre. 25419 12 5
vicinaux. ci. 1,000 0 0

Les dépenses générales non fixes se portent en total à la somme de. ci. . . . 25889 12 5

Récapitulation.

Recette des impositions de 1789. 47000 0 0

Dépenses fixes. . 21110 l. 7 f. 7 d. } égale à la recette. 47000 liv.
Dépenses non fixes. 25889 12 5

L'Assemblée a arrêté qu'il seroit dressé un état des dépenses fixes & non fixes ci-dessus détaillées, lequel état sera joint ici sous n°. VI.

M. le Président a renvoyé la séance à demain quatre heures après-midi, & a signé avec le Secretaire-Greffier.

Signé, Le Marquis DE CAUSANS.

PAILLIET, *Secretaire-Greffier.*

Du vingt-deux Février mil sept cent quatre-vingt-neuf, à quatre heures après-midi.

M. le Président a dit que le sieur Periol représentant l'ancien adjudicataire des ouvrages concernant la reconstruction des fontaines de la ville d'Orange, a renouvellé sa demande en paiement de la somme qu'il prétend lui être due en reste du prix de l'adjudication, & pour autres objets.

Sur quoi l'Assemblée considérant que le sieur Periol n'avoit pas encore rempli les préalables nécessaires à la justification de sa demande;

A arrêté que MM. de la Communauté d'Orange vérifieront la demande du sieur Periol, donneront leur avis sur la légitimité ou l'illégitimité de cette demande, & le remettront à MM. de la Commission intermédiaire;

afin que cette affaire puisse être entiérement inftruite & décidée en connoiffance de caufe aux Etats prochains de la Principauté.

Sur la demande de Madame Limoges en paiement de l'indemnité qui lui eft due à caufe de l'ouverture d'une graveilliere dans un de fes fonds à Cagnan, pour la réparation du chemin d'Orange à Camaret.

L'Affemblée a arrêté que la Commiffion intermédiaire fera procéder par experts à la vérification & liquidation de ladite indemnité.

Sur la demande de divers propriétaires des fonds occupés pour la conftruction de la nouvelle route, en paiement de la valeur de leurs fonds & des dédommagemens par eux prétendus.

L'Affemblée a arrêté de donner pouvoir à MM. de la Commiffion intermédiaire de faire vérifier & liquider par experts la valeur defdits fonds & des dédommagemens.

Sur les réclamations de divers particuliers de cette ville d'Orange & de celle de Courthezon, pour obtenir la réparation des dommages qu'ils ont foufferts dans le temps de l'exécution des travaux du fieur Dupin pour la confection de la route.

L'Affemblée a autorifé la Commiffion intermédiaire à s'occuper de la liquidation de ces objets avec le fieur Dupin.

Sur la demande des poffeffeurs de partie du terrein des baftions de cette Ville, qui en ont fait le délaiffement à la Communauté, pour le raplaniffement de ces ouvrages.

L'Affemblée a invité Meffieurs les Officiers municipaux d'Orange de faire liquider les indemnités prétendues par ces différens poffeffeurs, en diftinguant dans ladite liquidation les demandes de ceux qui font fondés en juftice d'avec les demandes de ceux qui ne peuvent prétendre des indemnités qu'à titre de grace. M. le Président a dit qu'il convenoit de procéder à la nomination d'une personne qui pût remplacer le sieur Roland chargé jusqu'à présent de l'inspection des travaux exécutés dans la Principauté, sur les chemins & sur les bords des rivieres, ainsi que des devis & plans y relatifs.

L'Assemblée a unanimement nommé le sieur Reboul pere & le sieur Reboul son fils comme adjoint, pour remplir toutes ces différentes fonctions aux émolumens annuels de 360 liv. fixées par l'article II de l'état de dépense de 1789. M. le Président a renvoyé la séance à demain neuf heures du matin, & a signé, avec le Secretaire-Greffier.

Signé, Le Marquis DE CAUSANS
PAILLIET, *Secretaire-Greffier*.

Du vingt-trois Février mil sept cent quatre-vingt-neuf, à neuf heures du matin.

M. le Président a dit que MM. les Commissaires avoient fini leur travail concernant les états de situation des revenus patrimoniaux & produits des octrois des Communautés de la Principauté, tant en recette qu'en dépense, soit pour les dépenses fixes, soit pour les non fixes, & qu'ils étoient prêts à en faire leur rapport.

En conséquence M. l'Abbé de Poulle l'un des Commissaires a remis sur le bureau les états de situation pour Orange, Courthezon, Gigondas & Violès:

Et lesdits états ayant été vérifiés & approuvés, il a été arrêté qu'ils seroient joints au Procès-verbal sous n°.

M. le Président a dit que la Communauté de Gigondas demandoit d'être dispensée de l'exécution de l'article XVII de l'Arrêt du Conseil, du 13 Avril 1785, & de l'obligation de verser dans la caisse du receveur particulier de la Principauté, le produit des octrois & des revenus patrimoniaux de Gigondas.

Sur quoi l'Assemblée a délibéré unanimement de renvoyer l'examen de la demande de la Communauté de Gigondas à la prochaine Assemblée des Etats de la Principauté, qui doit avoir lieu trois jours après la clôture de la présente, & qui sera chargée de proposer un nouveau plan de constitution à Sa Majesté.

La Communauté de Joncquieres n'ayant pas remis les états de situation des revenus patrimoniaux & produits des octrois de ladite Communauté pour l'année 1787, il n'a pas été possible de connoître la situation actuelle de cette Communauté; & il a été arrêté que la délibération prise à cet égard dans l'Assemblée de 1787, seroit exécutée suivant sa forme & teneur.

L'Assemblée ayant fait faire lecture des délibérations des Etats de 1786 & 1787, relativement aux affaires générales de la Principauté;

A arrêté de renvoyer l'examen de ces différentes affaires à la Commission intermédiaire dans l'objet de former un mémoire qui sera adressé aux Ministres de Sa Majesté, & servira d'instruction à MM. les Députés de la Principauté, aux Etats-généraux du Royaume, & de suivre l'expédition des autres affaires qui n'ont pas été terminées jusqu'à leur décision.

M. le Président a dit qu'il lui paroissoit important de s'occuper de la composition de la Commission intermé-

de la Principauté d'Orange.

diaire, non-seulement en conformité de la disposition de l'article 10 de l'Arrêt du Conseil, du 7 Décembre 1786, mais encore pour examiner s'il ne seroit pas convenable d'augmenter le nombre des Membres de la Commission intermédiaire, soit pour prévenir les inconvéniens des absences des Membres de la Commission, si elle étoit réduite à un aussi petit nombre que celui qui a été prescrit par l'Arrêt du Conseil, soit pour que les Membres du Tiers puissent être appellés à l'Administration; qu'il croyoit cependant, que quelle que fût l'intention de l'Assemblée, il étoit nécessaire de ne prendre la délibération que provisoirement, & sous le bon plaisir de Sa Majesté.

La matiere mise en délibération,

L'Assemblée a arrêté que la Commission intermédiaire sera composée conformément à la disposition dudit article X de l'Arrêt du Conseil du 7 Décembre 1786; & cependant sous le bon plaisir de Sa Majesté, & provisoirement l'Assemblée a délibéré que le nombre des Députés de ladite Commission intermédiaire sera augmenté de MM. les premier & second Echevins de la ville d'Orange, & du Procureur-général-Syndic déjà nommé par l'Assemblée, & sous la réserve des droits des autres Communautés de la Principauté.

M. le Président a dit qu'il étoit convenable de députer Me. Pailliet, Secretaire-Greffier à M. le Commissaire du Roi, pour l'avertir que l'Assemblée avoit terminé ses séances, & qu'elle étoit prête à le recevoir. M. l'Abbé de Poulle, M. le Marquis de Blocard, M. de Bonfils de Colombier, & M. Morel ont été députés pour le recevoir à la premiere porte de la Salle qui précede celle des Etats.

M. le Commissaire du Roi est entré accompagné de MM. les Députés, & a salué l'Assemblée qui s'est levée pour lui rendre le salut.

M. le Commissaire du Roi, ayant pris sa place dans un fauteuil, en face de M. le Président, & s'étant assis & couvert, ainsi que les Membres de l'Assemblée, a dit :

« Messieurs, l'activité que vous avez mis dans les opé-
» rations qui vous étoient confiées, & l'exactitude que
» vous avez apporté à vous conformer aux intentions du
» Roi, que j'ai été chargé de vous manifester, doivent
» vous mériter l'approbation de Sa Majesté. Je m'estime
» heureux, dans le compte que j'ai à rendre, de n'avoir
» à présenter que les témoignages de votre zele, de
» votre amour & de votre reconnoissance ».

M. le Président a répondu :

« Monsieur, nous nous sommes occupés avec tout le
» zele dont nous sommes capables, des objets confiés à nos
» soins. Guidés dans nos travaux par les lumieres de ceux
» qui nous ont précédés dans l'Administration, nous avons
» suivi une route tracée par la sagesse, & nous n'avons pu
» voir, sans un étonnement égal à notre sensibilité, les
» grands avantages qui sont déja le fruit de leur Admi-
» nistration. En leur rendant cet hommage, nous n'ou-
» blions point, Monsieur, combien vous méritez vous-
» même de le partager par le zele constant avec lequel
» vous n'avez cessé de vous occuper des intérêts du
» Pays, & dont il s'attend avec confiance à éprouver
» toujours les effets ».

Ensuite M. le Commissaire du Roi, s'étant levé, a salué l'Assemblée qui s'est également levée & lui a rendu le falut, & il a été reconduit jufqu'à la porte de la Salle qui précede celle de l'Affemblée, par les mêmes Députés nommés pour le recevoir.

M. le Préfident a témoigné enfuite à tous les Membres de l'Affemblée combien il étoit touché du zele & de l'union qui ont régné dans fes délibérations, & combien il defiroit de retrouver les mêmes fentimens dans l'Affemblée qui doit décider du bonheur de la Principauté.

L'Affemblée a manifefté à M. le Marquis de Caufans toute fa fenfibilité aux marques de fon patriotifme, & combien elle étoit flattée d'avoir été préfidée par un chef qui réunit aux lumieres les qualités du cœur, propres à lui mériter tous les fuffrages.

Et MM. les Députés s'étant donnés des témoignages réciproques d'égards, d'eftime & d'attachement, fe font féparés, après avoir fignés avec M. le Préfident & le Secretaire-Greffier. Le Marquis de Caufans, l'Abbé de Poulle, le Marquis de Blocard, Redonnet premier Echevin, Bayle Député, Taulameffe Député, Morel, Reboul, Jouffroi, Falque, J. Goubert Conful, Vaton Député, Leydier Conful, Richard Député, Pailliet, Secretaire-Greffier.

des Principauté d'Orange. 71

de Chés, & il a été resolu de jusqu'à la porte de la ville, à l'ôté extérieur d'icelle, ce par les mêmes [...]

Les [...] effectués sont que il doit entrer du sable & de la [...] à couvert d'ardoises, & commencé [...] retrouver les mêmes ornemens dans [...] de Chès sous de la Tréso-

L'Arrêté arrêté à M. le Marquis de Cambis, [...] à délibérer sur la teneur de ses paroilles, de [...] à ce que à cette décade été précédé par un [...] des tiers [...]

Ainsi, le [...] l'une & l'autre des remontrances & [...] signé d'origine, [...] line & d'attachement, le sont [...] avec M. le Président & le [...], Marquis de Castries, l'Abbé de [...] de Florol, Achanur-en-la-Blaussière, Ripon, I. Cochert Cortin, Vinon Dupuis, [...] Cambis, Michel Depons, Paillier, Secretaire.

www.ingramcontent.com/pod-product-compliance
Lightning Source LLC
LaVergne TN
LVHW051512090426
835512LV00010B/2494